NOUVELLES PREUVES
DE L'HISTOIRE DE CHYPRE

EXTRAIT

de la *Bibliothèqne de l'École des chartes*,

TOME XXXV

La pagination faisant suite à celle de la livraison précédente a été mise ici entre crochets.

NOUVELLES PREUVES

DE

L'HISTOIRE DE CHYPRE

SOUS LE RÈGNE DES PRINCES

DE LA MAISON DE LUSIGNAN

PAR

M. L. DE MAS LATRIE

DEUXIÈME LIVRAISON

PARIS

J. BAUR ET DÉTAILLE, Libraires

11, RUE DES SAINTS-PÈRES

1874

OUVRAGES CONCERNANT L'ILE DE CHYPRE :

HISTOIRE DE L'ILE DE CHYPRE, sous le règne des princes de la maison de Lusignan. 3 vol. in-8º, Paris. 1852-1861.

CARTE DE L'ILE DE CHYPRE, et notice sur la construction de la carte. In-8º. 50 p. Paris. 1862.

NOTICE SUR LES MONNAIES ET LES SCEAUX DES ROIS DE CHYPRE. In-8º. 50 pag. 1846.

NICOSIE, ses souvenirs historiques et sa situation présente. In-8º. 88 pag. 1846.

MÉMOIRE SUR LES RELATIONS POLITIQUES ET COMMERCIALES DE L'ASIE MINEURE AVEC L'ILE DE CHYPRE AU MOYEN-AGE. In-8º. 89 pag. 1844.

NOTES D'UN VOYAGE EN ORIENT. Inscriptions du moyen-âge en Chypre et à Constantinople. In-8º. 56 p. 1846.

DESCRIPTION DES ÉGLISES ET DES CHATEAUX DE CONSTRUCTION FRANÇAISE DANS L'ILE DE CHYPRE. In-8º. 55 pag. 1850.

NOTICE SUR L'ÉTAT ACTUEL DE L'ILE DE CHYPRE. In-8º. 35 pag. 1847.

Nogent-le-Rotrou, imprimerie de A. Gouverneur.

NOUVELLES PREUVES

DE

L'HISTOIRE DE CHYPRE

SOUS LE RÈGNE DES PRINCES

DE LA MAISON DE LUSIGNAN

PAR

M. L. DE MAS LATRIE

DEUXIÈME LIVRAISON

PARIS

J. BAUR et DÉTAILLE, Libraires

11, RUE DES SAINTS-PÈRES

1874

NOUVELLES PREUVES

DE L'HISTOIRE DE CHYPRE.[1]

XVII.
1333-1350.

Documents divers concernant le commerce et les affaires commerciales[2]. Venise. Arch. génér. Sénat, ou Conseil des Prégadi. *Senato. Misti.* Reg. XVI, XVII, XVIII, XXII-XXVI.

1333. XIII. Augusti. — Quod patroni galearum Cipri possint ibi remanere, dimittendo loco eorum personas sufficientes que placeant capitaneis, secundum formam consilii continentis que sint XXV, annorum.

Quod scribatur bajulo Cipri quod inquirat si habere poterit terrenum pro faciendo domum pro bajulo ibi, et nobis rescribat quantum posset constare dicta domus, et postmodum hic erimus, et fiet sicut videbitur. (XVI. fol. 24 v°.)

1333. XVIII. Augusti. — Capta. Quod mercatores euntes cum istis galeis Cipri debeant mittere arnesias suas ad galeas, et facere

---

1. Nous rappellerons ici, pour réparer une omission involontaire, que le ms. de Munich où se trouve l'État des chevaliers chypriotes, imprimé précédemment (1ʳᵉ livr., p. 72), nous a été obligeamment communiqué par M. Charles Halm, conservateur de la Bibliothèque royale de Munich. Nous avons extrait du même ms. et nous donnerons plus tard une généalogie des derniers Lusignans écrite sous le règne de la reine Charlotte.

2. Nous avons donné des documents analogues pour les années 1338-1374, 1357-1359, 1386-1396, et 1401-1419, dans l'*Hist. de Chypre*, t. II, p. 222, 361, 401, et 455.

eas caricari die sabati proximi ante quod cessetur vesprum ad Sanctum Marcum, sub pena soldorum c. pro quolibet. (xvi. 24 v°.)

1334 (v. s.) Die xx. Februarii. — Quod galee octo Cipri, quibus est datus ordo ut scitis, habeant terminum caricandi usque ad diem xii. mensis Augusti ad longius, et terminus recessus ipsarum sit ad diem quintum decimum dicti mensis.

Pro bono et dextro ac majori expeditione tam galearum communis quam specialium personarum, fuit ordinatum quod soldati ipsarum galearum non possint capi pro aliquo debito communis vel alterius persone. (xvii. 48–49.)

1336. Die vigesimo quarto Augusti. — Quod, occasione novitatum Armenie, capitanei galearum et bajulus Cipri, quando galee ibi erunt, debeant esse simul et providere et ordinare si dicte galee debebunt ire in Armeniam vel non. Stare debeant in Cipro per dies xv.[1], non computato die quo aplicurerint in Ciprum, nec die sui recessus. (xvii. 64 v°.)

1337. Die tercio Septembris. Sexte indictionis. — Cum quando Saraceni qui erant in Ajacio fuerunt mortui ab Arminis, aliqui nostri fideles erant debitores dictis Saracenis, qui nostri fideles dederunt et dant in Cypro nostro bajulo pleçariam de ipso debito, et conveniat pro honore dominii et bona fama nostrorum quod provideatur de securitate dicte pecunie et illorum de quibus spectat de jure, vadit pars quod scribatur bajulo Cipri quod faciat preceptum illis nostris qui sunt debitores in dicto facto, quod pecunia sui debiti debeant solvisse in Venecias usque per totum mensem Maii proximi. (xvii. 84.)

1338. Die x° Marcii. — Quod galee que hoc anno navigabunt ad partes Romanie et Cipri in redditu primo debeant levare avere seu mercaciones que in viagio proxime elapso remansserint in partibus illis. (xvii. 94 v°.)

Die xiii. mensis Marcii. vi. Indictionis. — Quod si capitaneus generalis retineret galeas Cipri, debeat subvenire dictis galeis per vanā[2] armatarum tam Romanie quam Cipri, et haveris et mercationum ipsarum armatarum in ratione solidorum quinquaginta grossorum pro quolibet die quo retente fuerint. (xvii. 95.)

1338. xiii Julii. — Quod comittatur dicto capitaneo Cipri.....

1. Prolongé à 18 jours, par une décision postérieure.
2. Sic.

etc. Et quod in Cipro debeat stare diebus xv. et non ultra. Salvo si per aliqua nova periculosa, *etc.* (xvii. 103.)

1338. Die quinto mensis Aprilis. — Capta. Quod, in Christi nomine, armentur galee octo per speciales personas ad viagium Cipri, quibus dabitur ordo ut inferius continebitur. Omnes de parte.

Capta. Imprimis quod commune teneatur dare dictas galeas cum coredis et furnimentis secundum usum. Et debeant dicte galee incantari, et sint ad unum denarium de naulis, eundo et redeundo, nec possint dari pro paucioribus libris xxx^{ta} grossorum qualibet, quas patroni arsenatus dare debeant de illis que post galeas Romanie erunt meliores et recentiores. Et debeant habere capitaneum, cum salario, commissione et aliis condicionibus cum quibus fuit anno preterito.

Quod dicte galee Cipri debeant caricasse ad dies xii. Augusti proximi, ita quod ulle mercationes non possint recipi in galeis ultra predictum terminum.

Item, quod patroni galearum Cipri teneantur habere tot homines in pede et tot de remo quot habuerunt anno preterito. Et concedatur quod possint accipere L. homines pro galea in terris nostris consuetis usque Raguxium. Et in Raguxio, capitaneus debeat facere cercam; et illi qui non habebunt numerum ordinatum cadant de libris x. pro quolibet homine sibi deficiente. (xviii. 21 v°-22.)

1339. Die v. Aprilis. Quod capitaneus galearum Cipri..... In Cipro stare debent xvi. diebus et non ultra, non computato die sui accessus neque recessus. (xviii. 22.)

1344. Indictione xii^a. Die xx° Novembris. — Capta. Ad litteras autem domini regis Cipri respondeatur narrando sibi negotium qualiter et unde processerat, excusando nos et nostros. (xxii. fol. 59 v°.)

1346. Die sexto Julii. — Quod concedatur domino regi Cipri quod possit fieri facere unum caricum lignaminis in partibus Signie pro conducendo in Ciprum, sicut requisitum est per litteras ballivii Famaguste, faciendo venire litteras domini regis de ipso lignamine quod sit pro servicio dicti regis [1]. (xxiii. 52 v°.)

1346. — Quod omnes galee Romanie, Alexandrie et Cipri debeant caricasse ad dies xxi. mensis Octobris futuri, ita quod

---

1. Semblable autorisation est accordée au grand maître de Rhodes.

ultra predictum terminum ulle mercationes non possint recipi sub pena solidorum xx. grossorum de qualibet balla seu collo. (XXIII. 61 v°.)

1347. Die 23 Junii. — Ad viagium Cipri. Capta. Quod, in nomine Christi, armentur ad viagium Cipri per speciales personas galee sex quas commune det cum suis coredis et furnimentis secundum usum; et debeant incantari dicte galee, nec dari possint pro paucioribus libris xxx^{ta} grossorum pro qualibet..... Eundo dehinc illuc possint accipere de milliaribus grossis scilicet rame, stagno, plumbo et ferro..... Et sint earum patroni de annis xxv. vel inde. (XXIV. 20.)

1347. Die XIII. Julii. — Quod concedatur Marco Benaci, burgensi Famagoste, qui huc venit cum una navi onerata frumento, quod per dictam suam navim possit onerari facere lignamen, et istud portare ad partes Sicilie, solvendo dacium consuetum. (XXIV. 25.)

1349-1350. D'une lettre de la Seigneurie de Venise au roi de Chypre, en date du 14 octobre 1349 (XXV, fol. 59) et d'une décision du Sénat du 4 janvier suivant 1350 (XXV, fol. 71 v°. Ann. 1349, v. s.), il résulte qu'une dispute particulière survenue à Famagouste entre un sicilien et Marc Minio, vénitien, amena les jours suivants des rixes plus violentes entre les marchands ou marins des deux nations, et provoqua bientôt une émotion générale, dans laquelle beaucoup de Syriens, sujets du roi de Chypre, et ce qui est plus fâcheux, *quod gravius est*, plusieurs officiers royaux et le peuple entier prirent parti avec fureur contre les Vénitiens. Les Siciliens, secondés par leurs complices, surtout par les Syriens, se portèrent sur le consulat de Venise en poussant des cris de mort, forcèrent la porte de la loge, *lobia, logia*[2], escaladèrent les terrasses, brisèrent les coffres où se trouvaient déposés les titres des défunts, *deposita mortuorum*, blessèrent plus de 30 Vénitiens ou leurs serviteurs, frappèrent enfin le consul lui-même, accouru pour apaiser la sédition, et le laissèrent blessé à la cuisse. « Ces faits, dit le Sénat, seraient une honte pour nous, *in infamiam nostram*, s'il » n'en était tiré prompte et sévère vengeance. Il n'y aurait plus de » sécurité pour nos marchands en Chypre si les auteurs et les com- » plices d'un si grand crime n'étaient sévèrement frappés. Si quel- » ques Vénitiens ont été coupables, nous les punirons de manière à sa- » tisfaire le roi. » Le Sénat décide en conséquence qu'un ambassadeur

---

1. On ne voit pas de quel différend il est ici question. Le Sénat en témoigne un très-vif regret et assure qu'il prescrira des mesures pour que rien de semblable n'arrive à l'avenir.

2. Cf. *Hist de Chypre*, t. II, p. 93, 94, 105, 184, 263, 364.

se rendra en Chypre pour demander justice et réparation. A la suite, quelques dispositions pour le choix et le voyage de l'ambassadeur.

Le 8 mai 1350, informé par les lettres du consul que le roi de Chypre avait puni les coupables et pourvu à ce qui était nécessaire, *quod jam per dominum regem sit satis sufficienter provisum*, le Sénat décide que l'ambassade ne sera pas envoyée en Chypre. (*Misti.* XXVI, fol. 22 v°.)

XVIII.

1333-1347.

Décisions concernant l'alliance de la République avec le roi de Chypre, les chevaliers de Rhodes et le Saint-Siége contre les Turcs [1].

Venise. Archiv. génér. *Senato. Misti.* Reg. XVI, XXIII.

Capta. Quod stemus firmi ad id quod captum est in isto consilio super istis factis, scilicet de scribendo domino regi Cipri, cum hac additione quod in dictis litteris mittendis fiat mentio de eo quod nobis scripsit dominus magister Hospitalis, et quomodo speramus quod miserit Rodum ambassatores suos et se posuerit in unione contra Turchos. Et quod si non misisset eos, vel si eos misisset, [et] se non posuisset in unione predicta, in ipsa se ponat, sicut pridie captum fuit. Verum, quod non esset bonum quod pro modica difficultate unio remaneret, comittatur ambaxiatori ituro quod si domini unionis non contentarentur de loco Nigropontis, in quo per formam unionis omnes armate insimul esse debent, sit contentus de conveniendo in alio loco, in quo pars dominorum unionis seu sindicorum suorum voluerint concordare. Et detur sindicatus dicto ambaxatori ad plenum super facto mutandi dictum locum, ut dictum est, et etiam in obligando nostrum commune nuntio domini regis Cipri de servanda pro parte nostra dicta unione, si in ipsa se ponere voluerit, ut speramus. (XVI. fol. 40.)

1347. 18 et 21 décembre.

Réponses du Sénat à Bertrand, archevêque d'Embrun, envoyé du pape à Venise, promettant le concours de la république dans la ligue formée contre les Turcs. (XVI, 45, 46.)

M. CCC. XLVI. (v. s.). Indictione 14ª die 15 Januarii.

Quod, in Christi nomine, armentur ad viagium unionis contra Turchos de hinc tres galee et, facto capitanio, ponatur ban-

---

1. Voy. *Hist. de Chypre*, t. II, p. 217 et 221.

chum ad bene placitum dominationis. Et statim scribatur duche et consiliariis Crete quod de inde armari faciant duas alias galeas[1]. (XXIII. 68.)

XIX.

1372, 15 mai. De Pise.

Les anciens et le conseil de la ville de Pise remercient le roi de Chypre, Pierre II, de la bienveillance qu'il a toujours témoignée aux Pisans, et le prient de hâter le retour à Pise de Cola de Salmuli, leur ambassadeur. — Lettres analogues adressées au prince d'Antioche, régent du royaume, et aux principaux officiers de la couronne[2].

Pise. Archiv. d'Etat. *Reg. di lettere degli Anziani.* N° 5. Ann. 1371-1373, fol. 185.

I.

Serenissimo et excellentissimo principi et domino, domino Petro, Dei gratia, Jerusalem et Cipri regi illustri.

Serenissime et excellentissime princeps et domine. Non est nobis novum, et sic etiam insinuatione Coli de Salmulis, civis nostri, percepimus, quanta semper dilectione vos majoresque vestri Pisanos in vestro regno foveritis, ipsos sustinendo benevolis favoribus et suffragiis opportunis ; ex quibus vestre regali celsitudini nos cunctosque Pisanos vestre excellentie multipliciter obligastis. Quare de hiis et aliis per vos Pisanis collatis non immemores vobis ad gratiarum actiones innumeras exsolvendas assurgimus,

---

1. A la même date, le Sénat ordonne d'armer cinq autres galères pour l'union contre les Turcs. Chaque galère devait avoir au moins 15 arbalétriers. (XXIII, 68 v°.)

2. Ces documents et le suivant m'ont été communiqués récemment par M. Molard, ancien élève de l'École des chartes, qui remplit en ce moment une mission scientifique en Italie avec autant de zèle que de succès. Tronci avait connu l'acte du roi Pierre II de l'an 1372 où étaient confirmés les priviléges des Pisans dans le royaume de Chypre, en renouvelant vraisemblablement les dispositions du privilége accordé par le roi Henri II à la nation pisane au mois d'octobre 1291. (*Hist. de Chypre* t. II, p. 53, n. 55 n.) : « Il nuovo re di Cipro concesse grazie e privileggi alla nostra communità di » Pisa, essendovi un esemplare di mano di ser Corrado da Rinonichi. E Pietro » da Vecchiano andò a rissiedere console in Famagosta, con giurisdizione in » tutto il regno di Cipro. » Tronci, *Annali Pisani*, p. 435. Le 17 juillet 1373, la commune de Pise alloue une somme annuelle de 30 florins d'or à Pierre da Vecchiano, nommé consul des Pisans à Famagouste et dans tout le royaume. Roncioni, *Ist. Pis.* éd. Bonaini, t. I, p. 913, note.

prefate serenissime majestati ab intimis supplicantes quatenus omnes franchixias, privilegia, honores et dignitates ipsis Pisanis diutius concessas et per serenissimam memoriam vestrorum majorum et vos hactenus observatas, observare, manutere, fovere defendere et augmentare dignetur imposterum, prout de vestra regali corona indubitanter credimus et speramus; ac etiam preces vobis affectuose porrigimus quatenus eidem Colo, intuitu nostro, gratiam liberam concedere dignemini, per quam, cum uxore, familia, bonis et massaritiis suis, patriam suam valeat remeare. Ad cuncta que vestre persone grata et honoranda fuerint semper totis viribus ac sinceris affectibus dispositi et parati, anthiani populi, consilium et civitatis Pisarum comune.

Date Pisis, die xv. May, none indictionis.

II.

Illustri et excellenti domino, domino Johanni, principi Anthiocie [1], bailo insule Cipri, fratri et amico karissimo.

Magnifice et egregie domine. Quia quam plurium Pisanorum nostrorum et precipue Coli de Salmulis, civis nostri, relatione percepimus quanta dilectione et protexione cunctos Pisanos in regno Cipri commorantes et mercantiones exercentes benigne foveritis, reputamus nos, cunctosque Pisanos ubique terrarum existentes vobis fore ex inde multipliciter obligatos. Et ex hiis et aliis per vos Pisanis collatis vestre dominationi innumeras referimus gratiarum actiones, prefatam dominationem vestram tota quo possumus affectione rogantes, quatenus sicuti hactenus habere fuit vestra dominatio dignata commendatos, sic etiam habere dignetur imposterum; et maxime interponendo vestre virtutis potentiam quod omnes franchixie, privilegia, honores et dignitates ipsis Pisanis concesse diutius et servate, vestro mediante suffragio, maniteneantur et foveantur eisdem, prout de vobis indubitanter credimus et speramus. Ac etiam preces vobis affectuose porrigimus quatenus operari dignemini quod dictus Colus gratiam liberam a regali corona, nostro intuitu, consequatur, per quam, cum uxore, familia, bonis et massaritis suis, patriam suam valeat remeare. Ad cuncta que vestre persone fuerint grata et honoranda semper totis viribus preparati, anthiani populi, consilium et civitatis Pisarum comune.

Date Pisis, die xv May, none indictionis.

1. Jean de Lusignan, oncle du roi et régent du royaume.

III [1].

Magnifico et egregio domino, domino Filippo de Bellin, domino Ciuffi [2], fratri et amico charissimo.

Magnifice et egregie domine. Prudentem virum, Colum de Salmulis, dilectum civem et ambaxiatorem nostrum, intentionis nostre sufficienter instructum, ad presentiam vestram duximus destinandum ; cujus relatibus vobis pro parte nostra fiendis fidem credulam, velut nobis, placeat exibere. Ad cuncta que vestre persone grata fuerint et honoranda semper totis viribus preparati, anthiani populi, consilium et civitatis Pisarum comune.

Date Pisis, die suprascripto.

Similes lictere scripte sunt : excellenti et egregio domino domino Ramundo Babini, boctilerio insule Cipri, fratri et amico karissimo; excellenti et egregio domino, domino Johanni de Morfi, fratri et amico karissimo; excellenti et egregio domino, domino Johanni de Monteolive, auditori, fratri et amico karissimo ; excellenti et egregio domino, domino Jacchetto, malischalcho regni Cipri, fratri et amico karissimo, et excellenti et egregio domino, domino Johanni de Monteolivo, bailo Famaguste, fratri et amico karissimo.

XX.

1373. 19 mai. De Pise.

Nomination de Moni de Sellario, comme consul des Pisans en Chypre.
Pise. Archiv. d'Etat. *Reg. di lettere degli Anziani.* N° 5. Ann. 1371-1373. Fol. 186.

Universis et singulis ad quos presentes advenerint, pateat evidenter qualiter nos, anthiani populi, consilium et comune civitatis Pysarum, confidentes de industria et fama laudabili Monis del Sellario, civis nostri, in insula Cipri commorantis, que nostris auribus crebra propulsactione intonuit, ipsum Monem in consulem Pisanorum in tota insula Cipri elegimus, ad nostri beneplacitum duraturum; concedentes et dantes eidem Moni consuli

---

1. Cette pièce semble être d'une date antérieure aux deux précédentes.
2. Mauvaise leçon. Il doit y avoir au ms. *Jiaffe*, ou *Arsuff*. En adoptant la dernière lecture, je pense qu'il s'agit ici de Philippe d'Ibelin, sire d'Arsur, lieutenant du sénéchal de Chypre, après le meurtre de Pierre I*er*, auquel il avait pris part. (*Hist.* t. II, p. 335, n. 341.) Il fut mis à mort par les Génois en 1373. Amadi, fol. 466.

potestatem liberam et bailiam reddendi jus et justitiam cuilibet pisano, et cuicumque alteri qui, sub pisano nomine, in dicta insula mercaretur contra alium Pisanum et quecumque alium qui, sub pisano nomine, in dicta insula mercaretur, ut supra dicitur, ac etiam cogendi realiter et personaliter ipsos Pisanos et quoslibet alios qui mercationes agunt, sub pisano nomine, in insula predicta, secundum quod juris et ordinamentorum ipsius consulatus ordo postulat et requirit ; et cum bailia, arbitrio, et jurisdictione aliis consulibus preteritis concessis.

In quorum omnium testimonium, has nostras licteras fieri jussimus et nostri sigilli pendentis munimine roborari.

Date Pisis, in palatio nostre residentie, die XVIII. May, none indictionis.

XXI.

1400, ou 1401.

Notes concernant les règlements de comptes entre Louis II duc de Bourbon et le roi de Chypre, et la mission que l'Ermite de la Faye avait remplie en Chypre [1].

Paris. Archiv. nationales, P 1364¹, pièce n° 1362.

Memoire à sire Pierre Desmez [2], du fait pourquoi Micho Cordier est venus à Paris.

Primo, qu'il voye et visite les deus quittances de Monseigneur [3], que le dit Micho a apportées.

Item, les lettres obligatoires comme Montbertaut et Despoilletes sont obligiez envers Picamel [4], pour le roy de Chippre, en la somme de dix mille cinq cents f[lorins].

---

1. Au dos est écrit : « Baillé par moy Warty, le III⁰ jour de fevrier, l'an » M. CCCC. à monseigneur l'Ermite de la Faye la lettre d'obligacion de Montber- » taut et Despoillettes, la procuration et la copie des lettres dont le sire de » Baruth (Jean ou Janot de Lusignan, neveu du roi Janus (*Hist.* t. II, p. 408, » 428, n. 438, 439) et Picamel ont parelles, dont mention est faite plus au lonc » cy dedens. »

2. Ou *Desmer*. Il était trésorier du duc de Bourbon. *Hist. de Chypre*, t. II, p. 437, 447, 449.

3. Louis II de Bourbon, prétendant au trône de Chypre, à la mort d'Hugues IV (*Hist.* t. II, p. 144, 224) et héritier de sa tante Marie de Bourbon, veuve de Guy de Lusignan, fils aîné de Hugues IV. Le règlement des sommes qui lui étaient dues en Chypre donna lieu à beaucoup de difficultés. *Hist.* t. II, 408, n. 427, 437, 441.

4. Le 16 juin 1396, le duc de Bourbon avait donné quittance au roi de Chypre de 4,000 ducats reçus pour son compte de Jean Picamilio. *Hist.* t. II, p. 454.

Item, autres ii. lettres de procuracion, comme monseigneur l'Ermite puet recevoir le dit aige pour et ou nom du roy de Chippre.

Et sur l'advis dicelles lettres, le dit Pierre Desmez aille devers le dit Picamel et lui die, par bonne maniere et le plus gracieusement qu'il porra, qu'il advise par quelle maniere on porra avoir des dits Montbertaut et Despoiletes la dicte somme qu'ils doivent, et en quoi ilz sont obligiez en leurs propres noms.

Et sceue leur response, que au moins on face tant devers eulx, se mieulx ne puet on fere, qu'il vuelent bailler leurs descharges qu'il ont sur le receveur de Nymes de VI^m f. ; et le dit Picamel leur baillera sa quittance d'iceulx VI^m f.

Et audit Picamel, on baillera en lieu la dicte quittance de Monseigneur, qui parle de VI^m f. et il rendra les dites descharges qui sont sur le receveur de Nymes pour recouvrer le dit argent.

Et faulra que, avecques les dites descharges que bailleront les dessus diz Montbertaut et Despoiletes, ils baillent lettres closes de monseigneur de Bourgogne adreçant ès generaux de Languedoc et receveur de Nymes, comment il n'y ait faulte qu'il ne accomplissent ce qu'il ont promis, c'est assavoir de paier les diz VI^m f. au terme qu'il ont accordé.

Et de par monseigneur de Bourgogne et ses gens, soit chargiez de poursuir le dit argent Micho Cordier, qui pour ledit Picamel est chargiez de poursuir son fait, ou cas qu'il n'y vouldroient envoier aucun de leurs gens.

Item, que sur les III^m f. qui sont encores deuz à Monseigneur, et V^c d'autre part à Digne, etc.[1], le dit Picamel face devers eux qu'il soit assignez ou asseur de les avoir par la meilleur maniere qu'il porra.

Et s'il estoit ainsi que les dites gens de monseigneur de Bourgogne peussent tant fere qu'il eussent lettres de monseigneur de Bourgogne bien agues et poignans adreçans à Raoulet et ès autres generaulx comme des autres VI^m f. qu'il lui sont encore deuz, il le voulsissent assigner sur le dit receveur de Nymes, où sont les autres VI^m assignez, ou autre part bien assigné, on porteroit la quittance de Picamel en Languedoc de la dite somme de IIII^m et V^c f., avecques celli qui de par mon dit seigneur de Bourgogne yra pourchacier les VI^m f., auquel s'il a assignacion sehure, on

---

1. Sic. Dino Rapondi.

baillera la dite quittance de Picamel, en prenant la descharge ou descharges de l'assignacion que on aura sur ce.

Et en recevant dudit Picamel la dite quittance de III^m f., on lui baillera la quittance de Monseigneur, qui parle des diz IIII^m f.

Parmi ce, que de toutes les lettres que on lui baillera de par Monseigneur, on prendra contre-lettres de lui de les ravoir, ou cas que on ne porroit recouvrer l'argent des dites assignations, en lui rendant aussi les siennes.

Item, on prendra aussi du dit Picamel lettres qu'il a de monseigneur l'Ermite, en lui baillant celles de Monseigneur.

Et sur toutes les choses dessus dites, Monseigneur s'en rapporte au bon avis et conseil du dit sire Pierre Desmer.

Et est assavoir que d'icelle somme de x^m f. ainsi deuz à Monseigneur, il fu ordené, comme le dit sire Pierre scet, d'en bailler cent au dit Picamel, du premier reçeu, et que le dit Pierre lui en parle gracieusement afin qu'il les preigne en gré.

Item, le dit sire Pierre pourchace devers le dit Picamel comme lui, ou Digne ou Jacques Reponde [1], facent delivrer à Venise mil frans, en ducas, à mon dit seigneur l'Ermite, par lettre de change, pour en fere ce que Monseigneur lui a ordonné, et que le dit Micho en apporte ladite lettre de change.

Item, que le dit sire Pierre aille devers le vidame lui dire et prier de par Monseigneur, comment il vueille dire et commander au receveur de Nymes, ou lui estre s'il n'estoit à Paris, qu'il ne face nulle faulte, qu'il ne paie les VI^m f. qu'il doit paier à monseigneur de Bourgogne, nonobstant quelsconques autres assignacions qu'il aye ou puisse avoir.

Item, que le dit vidame face fere lettres clouses de par le roy, adreçant au roy de Chippre et au capitaine de Famagouste, et aussi au gouverneur et anciens de Jennes, touchant le fait de Famagouste, dont son conseiller et chambellan l'Ermite lui parla. Et soient faites ces dites lettres bien gracieuses, afin que le dit roy de Chippre y puist prendre plaisir et effet. Et par ce, sen portera mieulx le fait de monseigneur de Bourbon envers lui [2].

Et soient les dites lettres devisées par le vidame à maistre Guillaume Barraut, qui a le tiltre, ou à Maignat, ou à Ferron [3].

1. Les Rapondi, banquiers florentins à Paris. *Hist. de Chypre*, t. II, p. 437, 442, 443 n.
2. Voy. *Hist.* t. II, p. 426, 437, 445.
3. Secrétaires du duc de Bourbon.

XXII.

1406, 26 août. Venise.

Instructions du doge et du Sénat de Venise à André Zane, envoyé comme ambassadeur et consul en Chypre, et chargé de demander au roi Janus et à la reine le paiement de certaines sommes qu'ils devaient à la république et d'appuyer les réclamations de plusieurs Vénitiens, notamment des Cornaro, au sujet des eaux de Piskopi. — Décisions diverses se référant à l'ambassade de Zane.

Venise. Archiv. génér. *Senato. Misti.* XLVII. fol. 65, v°.

M. CCCC. VI., XXVI Augusti.

Nos, Michael Steno, Dei gratia, dux Venetiarum, etc.

1. Committimus tibi, nobili viro, Andree Zane, dilecto civi et fideli nostro, quod de nostro mandato ire debeas ambaxator solemnis ad partes Cipri, et comparere ad presentiam serenissimi domini regis, cui, presentatis litteris nostris credentialibus et facta salutatione amicabili et decenti, cum illis bonis et amicabilibus verbis que tue sapientie videbuntur, debeas exponere, nostra parte, quod istis diebus nuper preteritis, literas sue majestatis continentes ordinem datum de solutione pecunie nobis et nostro comuni pro tempore preterito, et consimiliter aliquibus nostris civibus debende, et ultra hoc de pecuniis, nobis et comuni nostro in futurum debendis, per suam regiam majestatem et congratulationem nobiscum factam de victoriis nostro dominio ab altissimo collatis, gratanter suscepimus et vidimus, leto corde, tenentes a certo, quod, tum ob veterem amicitiam et amorem qui semper viguit inter serenissimos suos progenitores et nos, tum ob ejus innatam sapientiam et virtutem, omnes successus nostros suos reputet speciales.

2. Ceterum, cum in ipsis literis contineatur quod nostrum dominium non miretur si ad presens sua Serenitas propter onera que tempore guerre substinuit, non valuit plenius solutionem comunis nostri et nostrorum civium exequi, debeas eidem exponere quod, considerantes omnia suprascripta, et tenentes a certo quod sua Serenitas adimplebit promissa nobis per dictas suas literas, sicut continetur distinctius in literis viri nobilis Bernardi Mauroceno, vicebajuli nostrorum Venetorum in Cipro, sumus contenti complacere eidem sue Serenitati, precantes quod, pro

---

1. Analysé (*Hist. de Chypre*, t. II, p. 456) sous la date erronée du 31 août 1406.

conservatione sinceri amoris hinc inde vigentis, placeat effectualiter observari facere quod promisit, videlicet de solutionibus pecuniarum nobis et nostris civibus pro preteritis temporibus debendarum, et similiter quod deinceps denarii comunis nostri solvantur quolibet anno in terminis et locis ad hoc deputatis specialiter, ut speramus.

3. Et quia comune nostrum debet habere a domino rege Cipri, de tempore elapso, secundum formam pactorum inter ipsum et nos, bisantios LV^m. et ultra, pro solutione quorum dictus dominus rex promisit nobili viro Bernardo Mauroceno, vicebajolo nostro Cipri, dare libras quinquaginta pulverum del Morfo[1] pro bisantiis XII^m. et de casali de Lapido[2], seu de primo casali quod faciet appaltari bisantios IV^m; item de venditionibus bladorum, gothonorum aut vinorum suorum anni presentis, bisantios XII^m. in summa bisantios XXVIII^m. pro anno presenti pro parte dictorum bisantium LV^m; et pro anno futuro, pro resto dicte quantitatis LV^m bisantiorum, obligavit eidem nostro vicebajulo libras quinquaginta pulverorum casalis de la Chiela[3], pro precio quo vendentur pulveres bonitatis ejusdem, exeundo in libertate nostri dominii accipiendi dictos pulveres vel pecunias. Et ultra predicta, ipse dominus rex obligavit omnes suos redditus dicti anni venturi videlicet M.CCCC.VII. usque integram quantitatem debiti suprascripti. Et vertitur dominio nostro in dubium si ipse dominus rex observabit predicta vel non, eo quod sepe per antea fecit similes promissiones quas minime observabit. Propterea, nos dispositi et volentes ex toto scire quomodo vivere debeamus cum ipso rege, fidelitati tue efficaciter tradimus in mandatis quatenus, facta salutatione et oblatione decentibus, sicut in primo capitulo continetur, debeas subsequenter dicto domino regi exponere istud capitulum, requirendo ab ipso de promissionibus factis talem claritatem, videlicet quod tibi consignetur tot de redditibus suis quod dare conprehendere possis quod tam de solutionibus restantibus fieri de anno presenti usque summam bisantiorum XXVIII^m. quam de solutionibus anno futuro fiendis, videlicet bisantii XXVII^m., vel circa sicut videre poteris per calculum fac-

---

1. Des poudres de sucre du village de Morpho. On trouvera plus loin d'autres documents sur les sucres de Chypre. N° XXX.

2. Lapithos, au nord de Morpho, sur la mer de Caramanie.

3. Aschelias, dont les Français firent *L'Echelle*, à l'est de Paphos, dans le district de Kouklia, *Hist.*, t. III, p. 527. Voy. plus loin n° XXXVI.

tum per virum nobilem Bernardum Mauroceno, vicebajulum in regno Cipri, cum quo super his omnibus conferre debeas pro habendo informationem quod dare possis comprehendere et videre, quod tempore debito possis habere pecunias supascriptas, seu valorem, et non protraharis in longum, quia nullo modo est nostre dispositionis, procurando hoc cum illis bonis et sapientibus modis et verbis qui tue sapientie videbuntur, ut possis intervenire ad hanc nostram intentionem.

4. Et si, facta per te omni esperientia possibili, poteris obtinere nostram predictam intentionem, sicut speramus, tunc in bona gratia debeas exequi ad alias partes sic tibi commissas, et debeas remanere bajulus nostrorum Venetorum in regno, dicendo dicto domino regi, quod in conplacentiam suam et pro conservatione amoris hinc inde vigentis, sumus contenti et placet nobis, complacere eidem secundum pactum presuprascriptum, quod nomine nostri domini debeas confirmare, procurando quod de tempore in tempus, fiant solutiones annuales, videlicet xiii^m. bisantii pro quibus idem dominus rex assignavit dicto ser Bernardo ad portas et gabellas, ad rationem dictorum xiii^m. bisantiorum et accipiendo semper id quod tibi consignabitur per dictum dominum regem, usque ad summam dictorum bisantiorum Lv^m. cum reservatione nostrorum jurium, vendendo de tempore in tempus omnes pulveres et alias res que tibi dessignarentur per dominum regem predictum, pro solutionibus suprascriptis Lv^m. bisantiis, cum quam majori avantagio et prerogativa comunis nostri poterit, non dando dictas res pro minori precio quam pro capitali, et mittendo denarios per cambium nostris officialibus rationum veterum, secundum usum, salvos in terra, dando ipsos ad incantum, non possendo preterire terminum quatuor mensium ad solvendum postquam litere fuerint presentate.

5. Quando vero obtinere non posses quod dominus rex tibi firmiter designaret tot de redditibus suis, quod essent sufficientes ad satisfaciendum nobis de summa dictorum Lv^m. bisantiorum, facta per te omni experientia possibili, dicere sibi debeas quod nostrum dominium certe de hoc multo gravabit, et non poterit tollerare, dicendo sibi quod debeat bene et mature considerare et advertere ad hec, ac observare promissiones suas. Et si cum istis verbis obtineri poteris sicut dictum est superius, bene quidem.

6. Quando vero pro ipsa die qua talia sibi exponeres, obtinere

non posses nostram intentionem, tunc, quando ibis alia vice ad suam presentiam, debeas sibi dicere, quod tu reddis eum previsum quod ipse cecidit ad penas que continentur per pacta que sunt inter ipsum et nos, et debeas sibi protestari de omni damno expensis et interesse que possent evenire nostro dominio, et redeas ad nostram presentiam de omnibus informatus; faciendo ea que supradicimus tali tempore, quod, in casu quo obtinere non posses intentionem nostram predictam, possis redire Venetias cum galeis presentis viagii Baruti, sicut est de nostra dispositione et proposito.

7. Et quia, obtinendo dictum nostrum ambaxatorem et remanendo bajulum, una de melioribus rebus que fieri potest, pro observatione predictorum, est quod nullus noster Venetus, possit emere de pulveribus et aliis rebus que dessignarentur dicto nostro bajulo per dominum regem; ex nunc sit captum quod nullus noster Venetus per se vel alium, aliquo modo vel forma, possit emere de dictis rebus, sub pena ducatorum mille, et amittendi illud quod emeret, de qua pena non possit fieri gratia sub eadem pena usque in infinitum. Sit tamen licitum dictis nostratibus de dictis rebus emere a nostro bajulo suprascripto, nomine nostri comunis vendente.

8. Preterea, cum viri nobiles Berbonus et Bernardus Mauroceno, habere debeant a dicto domino rege et a domina regina, aliquas quantitates pecunie, sicut seriose informari poteris per dictum ser Bernardum, existentem deinde, debeas procurare tam apud dictum serenissimum regem quam apud serenissimam reginam predictam, quod ipsi satisfaciant dictis nostris civibus sicut justum est, ita quod ipsi habeant illud quod ipsi habere debent de jure, substinendo jura sua, quantum cum honore nostri dominii tibi possibile fuerit. Et quia informati sumus quod in recuperationem partis dicte pecunie consignate sunt dicto ser Bernardo alique pulveres et alie res, ex nunc sit captum quod omnes dicte res consignate per regalem Cipri dicto ser Bernardo, sint et esse debeant ad conditionem rerum dessignatarum et dessignandarum nomine nostri communis.

9. Insuper, cum vir nobilis, ser Victor Bragadino, nomine viri nobilis ser Hermolai Bragadino et suo nomine proprio, emerit a serenissima domina regina certam quantitatem frumenti, videlicet mozetos VII^m. VIII^c. LXXVIII, chafexos V, ad valorem bisantiorum XI^m.CCCC.LVIIII. librarum XXIV. veterum, que quantitas frumenti

fuit sibi integraliter dessignata per factores dicte regine in magazeno ad casalia de mandato dicte regine, et fuerunt clausi et bullati dicti magazeni per dictum ser Victorem, seu per suos factores tunc ibi existentes bulla dicti ser Victoris; et postmodum dictus ser Victor inde recessit pro veniendo Venetias, occurit quod blada non bene corresponderunt illo anno ob quod frumentum et alia blada ad valde majus precium ascenderunt, unde dicta domina regina misit ad dicta casalia, et fecit arripi seraturas et bullas magazenorum predictorum ser Hermolai et Victoris, et accipi totum dictum frumentum, ipsumque vendi ad sui beneplacitum, non habito respectu et consideratione quod jam receperat a dicto ser Victore totam pecuniam suprascriptam, in grave damnum nobilium predictorum requirentium subventionem condignam. Quocirca, committimus tibi quod, coram serenissimo domino rege predicto, debeas narrare ordinate omnia suprascripta, sicut distinctius informatus eris per Jacobum Erizo, eorum negociorum gestorem in regno, seu per virum nobilem ser Silvestrum Mauroceno, procurando apud dictum dominum regem quod sibi placeat taliter providere quod per serenissimam dominam reginam dicti nostri cives preserventur indemnes, et eisdem satisfiat per ipsam secundum justiciam et equitatem de his que ipsi seu eorum alter juste habere deberet, tam de ista ratione, quam de quacumque alia ratione. Et istud idem mandamus tibi quod debeas cum effectu procurare apud serenissimam dominam reginam predictam, cum ad presentiam suam fueris, captato tempore condecenti.

10. Subsequenter, expones eidem quod nobilis vir ser Johannes Cornario, quondam ser Friderici, conquestus est pluries coram nobis, et sic habuimus a bajulis nostris qui ibi fuerunt, quod die XIII° mensis Jannuarij de M. CCCC. fuit pronunciata sentencia de quadam aqua in favorem fratrum sancti Johannis de Rodo et sui casalis de Coloso, in contrarium et maximum damnum casalis Episcopie [1], dicti ser Johannis Cornario, non citato ser Nicolao

---

1. Les deux bourgs de Kolossi, domaine de l'Hôpital, et de Piskopi dans le Limassol. On appelait vulgairement ce dernier *La Piscopie des Corniers*, du nom des Cornaro, qui en étaient propriétaires. (*Hist.* t. II, p. 373, 380, 434, 436, t. III, p. 76, 305.) Les eaux du ruisseau de Piskopi, indispensables à la culture des cannes à sucre, fut un perpétuel sujet de conflit entre le domaine royal et les propriétaires du haut et du bas de la rivière. Nos documents rappellent souvent ces difficultés. Le 31 juillet 1422 (*Misti.* LIV, fol. 42) et le 23 août 1423 (fol.

Delfino, suo procuratore, nec auditis suis rationibus, nec habito respectu quod nobiles de cha Cornario possederunt dictam aquam annis XXVII et ultra, vigore sententiarum et determinationum factarum per consilia notabilium militum dicti regni, maxime temporibus dominorum regum Petri et Perini[1], et confirmatorum per dictos regales, ut apparet in privilegiis suis; et preterea dictus ser Nicolaus Delphino, procuratorio nomine suprascripto, et similiter bajulus noster nunquam potuerunt habere copiam dicte sententie, nec super dicto facto habere audientiam a sua serenitate; quod quantum sit contra Deum, justiciam et honorem regium majestas sua sapientissima potest considerare. Propterea, serenitatem suam requirimus et rogamus instantius quod placeat revocari et anullari facere dictam sententiam, et quod dictus ser Johannes reducatur ad pristinum statum, et ponatur in possessionem dicte aque, sicut erat ante prolationem dicte sententie; et quod excellentia sua predicta promittat conservare et manutenere in futurum dictum ser Johannem Cornario in juribus suis, secundum formam sententiarum et privilegiorum regum Petri et Perini, que habet dictus ser Johannes in ampla forma.

11. Insuper, cum annis jam quinquaginta et ultra observatum fuerit, de decima de Limisso, secundum modum quem obtinuit vir nobilis ser Franciscus Quirino, sicut idem ser Johannes Cornario informavit nostrum dominium, et nunc nuper innovatum sit dicto ser Johanni, quod ipse debeat solvere de dicta decima ultra solitum in ejus grave damnum, mandetur dicto nostro ambaxatori et bajuolo quod debeat hoc requirere et procurare obtinere a domino rege predicto, cum illis bonis verbis et instantia que tibi videbuntur, pro obtinendo quod dicto ser Johanni Cornario non innovetur aliquid ultra consuetum.

12. Insuper etiam, filii quondam ser Nicolai Michael, heredes quondam fratris sui, qui fuit archiepiscopus Nicosie[2], nunquam

---

141) le Sénat de Venise décide qu'il sera écrit au roi et au consul de Chypre dans l'intérêt de Victor Bragadino et de Pierre Contarini. Il appuie surtout les réclamations de Bragadino au sujet du ruisseau qui traverse les terres de Piskopi et de Kolossi : *aquam fluminis labentis ad casale Episcopie et de Colos.* Voy. aussi, *Hist. de Chyp.* t. III, p. 455, 457, 503, et ci-après Doc. Ann. 1468-1472.

1. Ainsi le roi Pierre II de Lusignan fut bien nommé quelquefois *Perin*, à cause de sa jeunesse, dans des documents presque contemporains de son règne.

2. Ce membre de la famille Micheli, archevêque de Nicosie, dont nous n'avons pas le prénom, ne paraît pas avoir été connu de Du Cange ni de Le Quien.

potuerunt habere aliquid a sua seneritate de eo quod dictus olim archiepiscopus habere debebat a dicta regali, nullo habito respectu nedum quod dicti nobiles juste habere debent, sed nec etiam ad paupertatem ipsorum, de quo facto tu habebis plenam informationem per copiam literarum quas alias scripsimus dicto domino regi super dicta materia, quam copiam tibi fecimus exiberi.

13. Preterea, cum viri nobiles ser Robertus et Silvester Mauroceno habere debeant a dicto domino rege, in una parte, ducatos M.C.XVI grossos III $^{1}/_{2}$ argenti de Nicoxia, in alia parte bisantios XVIII^{m}.VIII.LII. libras III, et fecerit etiam idem ser Silvester aliqua mercata pulverorum zuchari cum dicto domino rege, in recompensationem certe partis dicte quantitatis pecunie; et similiter, Nicholaus de Puteo, ejus negociorum gestor, fecerit suo nomine unum mercatum de frumento cum dicto domino rege, ad valorem ducatorem III^{m}. VI^{c}. LXVI, que, ut asseruit idem ser Silvester, non fuerunt sibi observata, sicut de his et de omnibus aliis que dicti fratres habent agere cum dicto domino rege informari poterit dictus noster bajulus per virum nobilem ser Silvestrum Mauroceno predictum, qui ad partes illas personaliter accedit; mandetur dicto nostro ambaxatori et bajulo, quod, habita informatione a dicto ser Silvestro, et acceptis illis claritatibus que sibi videbuntur, superinde debeat secundum quod sibi videbitur, consideratis informationibus quas habuerit et conditionibus ac qualitatibus rerum, procurare apud dictum regem prefatum quod dicti fratres preserventur in juribus suis et habeant id quid eis spectat de jure.

14. Insuper, cum providus vir Marcus Beloxelo, civis noster, existendo in partibus Apulee, de anno Domini M.CCC.LXXXIII[1], ad requisitionem et preces quondam principis Gallilee, domini Ugonis de Lusignano, mutuaverit eidem pro possendo armare unum lignum, pro eundo in Ciprum, cum uxore[2] et familia sua, ducatos

---

1. Et non 1393, comme nous avions dit, *Hist. de Chypre*, t. II, p. 457.
2. Hugues de Lusignan, prince de Galilée, petit-fils du roi Hugues IV, qui contesta la couronne de Chypre à son oncle Pierre Ier, avait épousé Marie de Morpho, fille de Jean de Morpho, comte d'Edesse, dont il ne laissa pas d'enfants. Il mourut avant sa mère, Marie de Bourbon, et nous voyons ici que ses fiefs, fante de postérité, firent retour au domaine royal. Louis II de Bourbon, son cousin, se croyant institué héritier par un testament secret, fit faire en Chypre des recherches et des réclamations qui restèrent infructueuses. *Hist.*, t. II, p. 409, 445, 453.

vIII^c. auri; et subsequenter, eodem tempore, ut ipse dominus princeps posset se expedire de partibus Apulee, ipse Marcus eidem mutuaverit ducatos v^c. L., quos ducatos v^c. L. ipse dominus princeps promisit per publicum instrumentum, quod dictus Marcus habet penes se, eidem manualiter et numeratos reddere, si in Ciprum applicaret. In recompensationem vero primorum ducatorum vIII^c. promisit dictus dominus princeps eidem Marco duo sua casalia que habebat de proprio patrimonio super insula Cipri, nominata Arnetha[1], et Leondachi, de quibus ipse fecit fieri sibi publicum instrumentum, et similiter quoddam privilegium sigillo suo sigillatum, que dictus Marcus habet penes se; ultra hec autem apparet per unum scriptum Phylipi de Morfo, olim cognati dicti domini principis, quod habet dictus Marcus, quod ipse sibi mutuaverit ducatos xxv. Et cum omnia bona dicti quondam domini principis pervenerint in serenissimum dominum regem, supplicat dictus Marcus quod subveniatur sibi in tantum quod procuretur quod ipse ponatur in possessionem dictorum duorum casalium, et quod sibi restituantur illi ducati v^c. L. et illi xxv quos ipse mutuavit dictis domino principi et cognato suo, cum, ut supradicitur, omnia bona eorum pervenerint in regalem Cipri. Propterea, mandetur dicto ambaxatori et bajulo quod coram domino rege presuprascripto debeat, visis instrumentis dicti Marci, procurare cum omni dulcedine et honestate qua poterit, quod dictus civis noster habeat intentionem suam, faciendo ei quantum poterit cum honore nostri dominii.

15. Preterea, cum vir nobilis Marcus Mauroceno, ser Roberti, vendiderit in M.CCC.LXXXXVIII^o domino regi Cipri, ad terminum unius anni, aliqua jocalia commissariarum nobilium virorum quondam ser Johannis de Canali et ser Peratii Maripetro, ad valorem ducatorum M. v^c. IIII, de quibus denariis apparet scriptum manus dicti serenissimi regis in personam dicti ser Marci Mauroceno, et de ipsis pecuniis nunquam habitum fuerit aliquid a dicto domino rege, procuret et instet dictus ambaxator et bajulus cum omni instantia et solicitudine, quod dicti denarii solvantur, ut justum est.

16. Preterea, in facto commissarie quondam ser Constantini Zucholo, secundum formam literarum nostrarum alias scriptarum domino regi, quarum copiam tecum portas, debeas procurare et facere quicquid boni poteris ante tuum recessum de inde.

---

1. Voy. *Hist*. t. II, p. 457.

17. Insuper, cum de M.CCCC.II°, die XVII° Aprilis, quedam griparia de Candida, super qua erant ribebe CCC. frumenti, de racione virorum nobilium Marci Venerio et Cristofori Marcelo, capta fuerit per unam galeotam asaporum[1], patronizatam per Michali Maurojani, et conducta ad campum regis, ubi per dictos asapos venditum fuit dictum frumentum; et postea remansit dicta galeota ad servicia dicti regis, et dictus ser Christoforus iverit ad campum dicti regis cum salvo conductu, et non potuerit obtinere restitutionem nec emendam dicti frumenti, procurabis quod suis procuratoribus, videlicet ser Silvestro Mauroceno et Jacobo Gombresia, fiat jus de dicto frumento; et ipsos habebis apud dictum dominum regem in justicia recommissos, secundum quod honori nostro videris convenire.

18. Preterea, cum vir nobilis ser Nicolaus Delphyno, seu providus vir Jacobus Gombresia, ejus factor, pro resto ducatorum V^m. per dictum ser Nicolaum mutuatorum domino regi, receperit bisantios XI^m. de moneta sixinorum[2], que immediate fuit bannita de

---

1. *Asapi.* Nous retrouvons cette expression dans un privilége commercial de 1373 pour l'Egypte et la Syrie, où il est question de navires montés par des Asapi, *legni de Assapi,* qui sont considérés comme des corsaires (Voy. *Traités et docum. concernant les relations des Chrétiens avec les Arabes au moyen âge,* Suppl. p. 94, art. 15). Si ce mot est le même qu'*Azapides,* il semblerait désigner des gens armés à la légère, comme les Hussards ou les Janissaires, et pouvant être employés dans des excursions rapides sur terre ou sur mer. (Voy. Du Cange, *Gloss. lat.* et Ducas, cap. 39, p. 288.) *Campus regis,* pourrait être une localité de la côte de Dalmatie appartenant au roi de Hongrie.

2. *Moneta Sixinorum.* C'était une monnaie de bas aloi que le roi Janus avait récemment fait frapper pour subvenir à l'épuisement du trésor royal et qu'il fut obligé, nous l'apprenons ici, de décrier lui-même. Le nom de ces espèces est écrit très-différemment dans les chroniques. Strambali : « Et durò (la guerra) » fin l'anno 1406, et hanno speso gran richezza, et hanno messo assai imprestidi. » Et fece il re moneda di 6. carci, et la chiamavano *Nisin,* et carci minuti. » Ms. Rome, fol. 200. Léonce Machera : « Καὶ ἔλεγαν τὸ σιζήνιν. » Sathas, *Chron. grecques.* Venise, 1873, t. II, p. 377. Amadi : « 1406. Et non potendo star a le spese, » fece far *Sisigna,* una moneta de ramo grossa, di sei carci l'una, et fece etiam » danari. » (Ms. Venise, fol. 303.) Florio Bustron : « Et per mantener la guerra » fece battere moneta di rame grande chiamata *Sisinia,* le quale valeva sei crati » l'una. » (Voy. not. *Hist.* t. II p. 527-528 n. 3, où il faut lire *Sisinia* et *Sisigna.*) Attiré par la leçon de Loredano, *Lisinia* (que les mss. ne confirment pas), j'avais cru que le nom de cette monnaie était une altération du nom de Lusignan (*Bibl. de l'École des chart.,* 1e série, t. V, p. 427). La chronique de Léon Machera, nouvellement découverte, et la présente pièce des Prégadi, repoussent absolument cette conjecture. Le nom de la monnaie est tirée vraisemblablement de sa valeur même, six *carci,* ou six deniers, et signifiait un *sixain.*

regno in grave damnum dicti ser Nicolai, ob quid ipse petit refectionem condignam, eris propicius dicto ser Nicolao in quantum de jure sibi spectare noveris, semper cum honore nostri dominii, quod ipsi reficiatur de dicto damno.

19. Preterea, cum navis patronizata per Johannem de Pelestrina, in M.CCCC.III. existendo super caput Otranti, fuerit capta per egregium virum Perinum de Juvenibus, pro faciendo facta dicti domini regis, et conducta Otrantum, ubi per vim ipse Perinus fecit eam discarricari lanis et aliis rebus quibus ipsa erat onerata, et conduxit eam in Ciprum ad servicia dicti regis, ob quod opportuit mercatores dicte navis naulizare unam aliam navem, cujus fuit patronus Bartholomeus Soler, pro libris C.XXXX. IIII.sold..I. grossis.II. parvis.XXVI. pro faciendo conduci dictas lanas et alias res Venetias, et solverunt dicti mercatores de suis propriis pecuniis quantitatem prescriptam dicte coche Solere que venissent in participes dicte coche Johannis de Pelestrina si ipsa venisset directe Venetias, nec habuere pro nabulo dicte coche Johannis de Pelestrina nisi solummodo ducatos VI. quos idem Perinus dispensavit inter marinarios dicte coche, ob quod dicti participes sibi requirunt secundum dictum et justiciam subveniri. Ea propter, procurabis apud dictum serenissimum dominum regem et requires ipsum cum instantia, sicut justum est, quod saltem illas libras C.XL.IIII. sold. .I. grossos .II. soldos 26. quos dicti nostri cives, participes dicte navis, ob hec amiserunt, eis reddi faciat, seu suo procuratori, faciendo in hoc quicquid boni poteritis cum honore nostri dominii:

20. Insuper, cum per duas galeas et unam galeotam Cathelanorum, quarum erat capitaneus dominus Bernardus de Sanserin, et erant ad stipendia dicti regis, fuerit capta una navis nostrorum Venetorum, super qua erant multe mercationes et pecunie Andree Amizo, spectantes et pertinentes creditoribus suis, et similiter multe mercantie aliorum nostrorum fidelium, volumus, et sic tibi mandamus quod, sumpta de hoc informatione plenaria a commissis dictorum creditorum, et ab aliis quibus hoc spectaret, debeas procurare apud dictum serenissimum regem, cum illis modis qui tibi convenientes et rationabiles videantur, quod dicti creditores et alii rehabeant ea que de dicto navigio fuerunt ablata, vel justum valorem ipsorum, habendo ipsos in racione recommissionis, secundum quod honori nostro videris convenire. Rescribendo nobis in casu quo remaneas bajulus, quicquid obtinueris

super factis nostrorum civium particulariter et distincte, ut informati providere possimus sicut honori nostro et indemnitati nostrorum civium videbimus convenire.

21. Et quia forte posset occurere quod, ante recessum presentium galearum, venirent de aliis nostris fidelibus ad requirendum subventionem, que non posset tibi dari nisi cum consilio rogatorum, ex nunc sit captum, quod collegium domini consiliarorum capitum et sapientum utriusque manus possit eis subvenire sicut eis videbitur, secundum dictum et justiciam, consideratis conditionibus rerum et personarum.

Die dicto, xxvi. Augusti. Quia nobilis vir, ser Andreas Zane, iturus ambaxator et bajulus Cipri, requirit quod, loco unius presbiteri notarii, quem tenetur ducere secum ad dictum bajulatum, ipse possit habere et tenere, remanendo bajulum unum notarium laicum; vadit pars quod concedatur sibi sicut ipse requirit, tenendo ipsum ad suum salarium et expensas.

XXIII

1406, 3 novembre. A Cérines, en Chypre.

Procès-verbal notarié de l'extraction du testament de dame Pinadeben, de Ferrare, d'un registre de la Cour des Bourgeois de Cérines où il avait été inséré.

       Venise. Archiv. génér. *Archiv. des Notaires.* Actes de Marc de Smyrne, notaire de Chypre, parmi les actes d'Antoine del Vida, notaire de Venise. Parch. orig.

In nomine Domini, amen. Egregius legum doctor, dominus Thomas de Zenariis, de Padua, judex canzelarie regni Cypri[1], civis et subdittus serenissimi ducalis dominii Veneciarum, in presencia spectabilis viri domini Andree Zani, honorabilis bajuli Venetorum in regno Cypri[2], constitutus, die xxviiii mensis Octubris anni presentis, eidem dixit et exposuit ibidem, me notario infrascripto presente, videlicet quod cum sapiens domina Pinadeben, de Ferraria, uxor quondam magistri Anthonii de Pergamo[3], et ultimate uxor Nicolini de Assono, suum ultimum condiderit testamentum, in presentia nobilis militis domini Lengles, capi-

---

1. *Hist. de Chypre*, t. II, p. 441, 495, 496.
2. Celui pour qui furent rédigées les instructions précédentes.
3. Son tombeau est à Nicosie. *Bibl. de l'Ec.*, 2ᵉ série, t. II, p. 522.

tanei et castelani castri et burchi Cerinarum pro serenissimo rege Cypri, et aliorum dominorum consciliariorum et juratorum sue curie, secundum modum, formam et consuetudinem dicti loci et dicte curie Cerinarum; in quo quidem testamento dicta domina oneravit ipsum dominum Thomam predictum circha unum legatum, prout clare patebat in ipso testamento, scripto et anotato in libro autentico ipsius curie; quare petebat et requirebat dictum dominum bajulum quatenus, de potestate sui officii, committeret uni notario publico quod iret Cerines, ad elevandum et transcribendum in formam publicam de libro autentico dicte curie Cerinarum dictum testamentum, ad hoc ut, suis loco et tempore, eo uti possit, pro adimplendo et executioni mandando voluntatem et commissionem dicte testatricis. Qui quidem dominus bajulus, considerans requisitionem dicti domini Thome justam, et videns egregium virum Benedictum de Prato, notarium et canzelarium sui bajulatus, de persona non esse bene dispositum, mandavit mihi, notario publico et secretario serenissimi regis infrascripto, quatenus irem Cerines et elevarem dictum testamentum prefate domine Pinadeben de libro autentico dicte curie Cerinarum, bene et fideliter, in formam publicam. Unde ego, Marcus de Smirnis, notarius supra et infrascriptus, vigore auctoritatis et ballie mihi attribute per suprascriptum dominum bajulum, ut supra patet, in die III. Novembris, anni presentis, Cerines, una cum dicto domino Thoma, ad presentiam prefati domini capitanei et castelani; et ad requisitionem sibi factam per dictum dominum Thomam, in presentia dictorum suorum consciliarorum et juratorum curie, quorum nomina sunt hec, videlicet : honnorabiles viri, dominus Guido Massonus, dominus Nicolaus Beltrandi, dominus Jacobus de Acri, dominus Jacobus de Candia et dominus Theodorus Margatus, et mei notarii supra et infrascripti, aperiri fecit capsam in qua salvantur libri autentici dicte curie, et extrahi fecit librum in quo scribuntur negocia occurrentia in anno presenti, videlicet millesimo quadringentessimo sexto; et in eo reperta est scriptura infrascripta, in lingua vulgari, sive in galicana, quam dictus dominus capitaneus et castelanus et dicti jurati dixerunt esse testamentum ultimum quondam dicte domine Pinadeben, in eorum presencia factum, solempniter et juridice, secundum formam et consuetudinem curie Cerinarum, cujus tenor sequitur de verbo ad verbum, et est talis :

« Le lundi, à xxvi. jours d'Avril de M.CCCC, et sis, de Crist, vint

» sire Nicole d'Ansion, et fit savoir au chevetaine de Cherines,
» messire André Lengles, que s'espouse, dame Pinadeben, se
» trent malade couchée ou lit, et ly prioit qu'il deusse ordener
» aucun en leuc de lui et court, ou travailler lui de venir à son
» hostel, à escouter ce que sa dicte espouse veaut faire et orde-
» ner. En ce dit jour, le susdit chevetaine fu à l'ostel dudit sire
» Nicole d'Ansion et mena la court, c'est assavoir : sire Nicole
» de Betram, sire Jaque d'Acre, maistre Frances de Tourtouse
» et maistre Jorge de Candie ; et trouverent ladite dame malade
» du corps, en son bon sens et memoire, et ly demanderent ce
» que elle voloit faire ordener. Et elle respondit et dit tout pre-
» mièrement : casse et anulisse toute maniere de testamens et
» codecilez que elle a fait deçi en arierez, et veaut qu'ilz soient
» nullez et de nule value, et que cestui testament que elle fait ou
» present et deraine volenté, à son rapeau, et apres son desset,
» par la volenté et otroy de son espous, qui se trova present
» quant le dit testament se faisoit.

» La dite dame dist et ordena que, se Dieu feist son comman-
» dement d'elle, qu'elle soit enterré à la chapelle de Corpus-
» Crist, qui est o bourc de Cherines, et laisse à la dicte chap-
» pelle, pour l'arme d'elle, besans L.

» Encores, laisse ou roy monseigneur, en nom de reverence,
» besans XV. Et de ce lais fait son heir et le excepte de tous ses
» aultres biens, et ne veaut qu'il aye plus du sien que lez susdis
» lais.

» Encores, laisse à Caly de Rodes, qui ly serve, besans XXV.

» Encores, laisse à Anoussa, sa serveciale, besans XXV.

» Encores, laisse à son espous le vin de la rente de cest an de
» CCCC.VI de Crist, q. ses vignes dassines seront.

» Encores, laisse à tous ceaus qui mostreront qui sont ses
» parens prochains, à chascun d'eaus s.[1] 1. Et les exept de tous
» ses aultres biens.

» Encores, laisse as IIII. jurés qui se trouverent au dit testa-
» ment, besans XXV; et à l'escrivain, Thomas Caniat, besans X.

» Encores, veut et ordonne que, à son rapeau et apres son desset,
» que sa esclavote, nommée Loze, soit franche et delibre de tous
» liens de servage, et ly laisse pour l'arme d'elle VI. quillers

---

1. Peut-être : florin. C'est un signe différent de celui qui sert à indiquer les besants.

» d'argent de Venize, et la petite senture d'argent endorée, et
» I. couvertour blancq boutoné, et une paire de linsiaux, et I. lit
» et I. aniau d'or reont; et en monoye, besans L.
  » Encores, veaut et ordenes à son rapeau et apres son desset,
» que Yorgui Bourgari, son esclaf, soit franc et delibre de tous
» liens de servage.
  » Encores, laisse au priour de Cherines, sire Marc de Baruth,
» besans V. et à sire Pierre, le prestre de la chapele de Sainct Jorge
» du Donjon, besans V.
  » Encores, veaut et ordene que sa vigne hermineze [1], qui est
» ou terrain de Saint Demeti, se puisse vendre par son comis-
» saire, et donner la monnoye pour l'arme d'elle.
  » Encores, de tout l'argent qui se trovera d'elle et toute la
» robe de son vestu, son commissaire lez puisse vendre, et don-
» ner la monoye pour l'arme d'elle, et aussy tous les aniaus qui
» se troveront.
  » Encores, la dite dame veaut et ordonne que des ducas d'or
» qui sont en Venize se peusse massonner une chappelle en
» Venize, et tenir deus prestres pour chanter pour l'arme de
» maistre Anthoine, jadis son espous, et d'elle, selon la commis-
» sion que la dite dame Pinadeben donna à sire Thomaso de
» Zenari, de Padua, le juge de la chanselerie du roy monsei-
» gneur.
  » Encores, la dite dame ordene son commissaire, sire Nicole
» d'Ansion, de vendre l'argent, robe et aniaus et paier lez lais
» que elle a laissé, et le remanant donner lez pour l'arme d'elle,
» par ainsy que tout quanqu'il fera qui soit par le sceu et con-
» seil du chevetaine de Charines et non aultrement. Et le dit sire
» Nicole d'Ansion fu content. »

Qua scriptura per me notarium sic scripta prout suprascriptum est, ibidem instanter et instantissime dictus dominus Thomas, nomine suo, ac etiam nomine illorum quorum interest vel interesse poterit in futurum, rogavit me notarium, in presentia dicti domini capitanei et castelani et dominorum juratorum predictorum ac eciam aliorum infrascriptorum testium, quatenus de predictis conficerem instrumentum, ad hoc ut ei ubique locorum et terrarum fides adhiberi possit.

Acta hec fuerunt Cherines, ante portam castri, videlicet in

---

1. Voy. *Hist. de Chyp.*, t. III, p. 289, n.

bancho castelanie, ubi sedet castelanus ad jus redendum, anno incarnationis Domini millesimo quadringentessimo sexto, die Mercurii, tercia mensis Novembris, indictione XIII^a, presentibus honorabili viro domino Thoma Caniat, scriba dicte curie Cerinarum, venerabili presbitero Marcho de Barutho, priore Cherinarum, Janoto de Acri et Dominico de Monico, testibus vocatis ad hec specialiter et rogatis.

(*Seing du notaire*). Et ego, Marcus de Smirnis, auctoritate imperiali notarius publicus, omnibus et singulis premissis, dum sic fierent, una cum prenominatis testibus interfui, et predictum testamentum de mandato dicti domini bajuli de libro curie Cerinarum extraxi de verbo ad verbum, nichil adendo, vel minuendo, quod sensum mutet vel intelectum, et in hanc publicam formam redegi et me subscripsi et signo meo solito signavi, vocatus, requisitus et rogatus, in fidem et testimonium omnium premissorum.

Au bas du parchemin, on écrivit à Venise la mention suivante:

MCCCCVII. Indictione prima, die decimo Decembris. Recommendatum fuit presens instrumentum de ducali mandato ad officium dominorum advocatorum comunis[1] per ser Antonium del Vida, notarium curie majoris.

XXIV

1411, 20 octobre. A Nicosie.

Testament de Bérenger Albi, ou Le Blanc, chevalier, maitre de la maison du roi Janus de Lusignan[2].

In nomine Domini, amen. Noverint universi et singuli presentes pariter et futuri hoc presens publicum instrumentum inspecturi, lecturi et audituri, quod anno Domini millesimo quadringentesimo undecimo, indictione quinta, die vicesima mensis Octobris, in mei presentia publici notarii et testium subscriptorum, ad hoc vocatorum specialiter et rogatorum, nobilis et egregius dominus Berengarius Albi, magister hospicii illustrissimi principis domini Jani, Dei gratia, Jherusalem, Cypri, Ermenieque regis, sanus mente, licet eger corpore, in loco egritudinis positus, cu-

---

1. Cf. *Hist. de Chypre*, t. III, p. 832. Not. sur les magistratures vénitiennes.
2. La copie de ce document, trouvé à Moulins dans des papiers de famille, m'a été communiquée par le savant archiviste de l'Allier, M. Chazaud.

piens, salubri premeditatione, diem peregrinationis sue prevenire, cogitans quod presentis vite conditio statum habet instabilem; considerans et attendens quod breves dies hominis sunt super terram, quorum numerus apud Deum retinetur, et morte nichil certius est et nichil incertius hora mortis, perpensans etiam quod humane nature conditio in hac valle miserie posita tot et tantis subjacet periculis et erumnis, quod qui vellit aut nolit oportet per eam ab hac luce exui: volens sibi, in quantum a summo rerum conditore conceditur, precavere, suum testamentum nuncupativum seu ultimam voluntatem suam, quod seu quam valere voluit et habere perpetuam roboris firmitatem, jure testamenti codicillorum aut alias quoquo modo porro ut melius valere poterit et debebit, de verbo ad verbum condidit, in hunc modum :

In nomine sancte et individue Trinitatis, patris et filii et spiritus sancti, amen. Ego Berengarius Albi, miles, in civitate Nicossie morans, sanus mente, licet eger corpore, in lecto egritudinis mee positus, cupiens salubri premeditatione diem peregrinationis mee extremum prevenire; cogitans quod presentis vite conditio, statum habet instabilem; considerans et attendens quod breves dies hominis sunt super terram, quorum numerus apud Deum retinetur et morte nichil certius est et nichil incertius hora mortis, perpensans etiam quod humane nature conditio in hac valle miserie posita, tot et tantis subjacet periculis et erumnis, quod qui velit aut nolit, oportet per eam ab hac luce exui, volens michi, quantum assummo[1] rerum conditore conceditur precavere; bona mihi a Deo collata nolens inordinata relinquere ad honorem et laudem ipsius de bonis meis infrascriptis dispono et ordino in hunc modum.

Imprimis si quidem animam meam commendo altissimo Creatori et gloriose Virgini, matri ejus, et toti collegio sanctorum, ut ipsum per suam piam misericordiam et ipsorum intercessione, per quos credo firmiter quod in die judicii delicta mea deleantur, dignetur accipere in suo gaudio sempiterno.

Item, si ab ista infirmitate me mori contingat, eligo sepulturam meam in Sancta Sophia, ecclesia majori Nicossie, in medio dicte ecclesie ante crucifixum intrantem portam chori, in sepulcrum avunculorum meorum reverendorum dominorum Berengarii Gregorii, abbatis Sancte Crucis et Petri Gregorii, decani dicte eccle-

---

1. Sic.

sie. Item, volo quod in die obitus mei, sit tota processio dicte ecclesie ad sociandum corpus meum, et quod omnes sacerdotes debeant per totam novenam celebrare pro anima mea; et dimitto eis tam pro processione quam et pro missis, trecentos bisantios monete currentium.

Item, volo quod quatuor ordines mendicatium, cum processionibus eorum, sint ad sociandum funus meum, et quilibet ordo habeat bisantios centum, cum intentione quod quilibet frater celebret pro anima mea per novem dies.

Item, serenissimo regi Cipri, domino meo, bisantios monete currentis quinque.

Item, quod predicti sacerdotes ecclesie sancte Sophie, cum predictis religiosis, debeant celebrare in fine anni per novem dies pro anima mea sicut in die obitus mei, et habeant totidem sicut superius dictum est.

Item, eligo comerssarios meos reverendum in Christo patrem et dominum, dominum B[ertrandum[1]] de Cadoanie, miseratione divina, episcopum Ppaphensem, et venerabilem dominum Guillermum Gregorii, priorem prioratus Chameteriarum[2], ordinis sancti Benedicti, concebrinum meum germanum, et quod dicti comerssarii possint recipere totidem de meo ad dandum et ad faciendum pro anima mea illud quod eis melius videbitur, usque ad valorem octo centorum ducatorum auri et recipere omnes raupas meas et distribuere ad voluntatem ipsorum dictorum comerssariorum.

Item, quod dicti comerssarii possint fundare in ecclesia Sancte Sophie unam missam perpetuo tempore omni die silebrante, secundum usus patrie, pro anima mea et uxoris mee.

Item, eligo heredem universalem super omnia bona mea mobilia et immobilia herentia in regno Cipri et super casalia mea de Linos[3] et de Potameno[4], cum omnibus suis membris et apertenenciis, filium meum dominum Ramundum Albi, militem, et quod ipse dictus Ramundus teneatur solvere omnia debita mea in regno Cipri debentia.

1. Bertrand de Cadouin, dans le *Gallia Christiana*, série des évêques de Saint-Flour, siége auquel Bertrand fut transféré vers l'an 1415.
2. Mot altéré. Peut-être : *Cherinarum.*
3. Peut-être *Linou*, dans le Pendaïa, non loin des bords du Karis ou Xéropotamos, qui traverse la vallée de Solia. Fl. Bustron, *Chron.*, fol. 29.
4. Il y a un *Potamiou* dans le district d'Avdimou, et *Potamia*, dans le Kythréa, ainsi que dans le Karpas.

Item, dimitto omnes assignationes et feuda mea et que reperiri possent de meis filie mee domine Marguerite, uxori nobilis militis domini Joannis de Verni.

Item, dimitto omnia mea debita, videlicet omnes pecunias que michi debentur in Venetiis, et tam in civitate Veneciarum quam a quocumque veneto, domino Guillermo Gregorii, concebrino meo germano; et ipse dictus Guiliermus possit pro dictis debitis litigare, petere, renuntiare, sicut ego presens interessem, et quitanciam dare, vendere et quitquit sibi placuerit facere.

Item, dimitto et do paternalem hereditatem meam quam habeo in ponente, que vocatur Delve[1], tam in diocesi Mimatensi, quam Vivariensi, videlicet domos, pocessiones, habitaciones, reditus, jura et censivas, bona mobilia et immobilia, ac hereditates quascumque mihi pertinentias, Joanni Gregorii, filio nobilis domicelli Petri Gregorii d'Espagnaco, concebrino meo germano, vel uni alteri de filiis suis dicti Petri, cum legitimo matrimonio procreato; et si contigerit casus quod dictus Petrus non haberei filium vel filios, volo quod dicta hereditas perveniat uni filio nobilis Sthephani Gregorii, avunculi mei, vel uni de filiis masculis dicti Stefani legitimo matrimonio procreati; et si casus fuerit, quod dictus avunculus meus Sthephanus non habehat filios de legitimo matrimonio procreatos, volo quod dicta hereditas perveniat filie dicti Petri Gregorii.

Item, dimitto castrum Sancti Boneti[2], in diocesi Nemausensi, quod ego dictus Berengarius Albi, miles, emi a domino Eustachio de Barri, milite, cum omnibus juribus et pertinentiis suis, dicto et superius nominato Petro Gregorii, nobili domicello et concebrino meo germano.

Item, dimitto et volo quod sclavi mei, scilicet Noublet, Pecaladi et Ho, cum pueris et filiis ipsorum, sint et esse possint amodo franchi et liberi, et amodo sint soluti a jugulo servitutis; et quod quilibet eorum abeant de meo quinquaginta bisantios monnete currentis.

Item, dimitto sclavam meam Eufemiam, francham et liberam.

Item, dimitto Chive, nutricis filii mei domini Ramundi, bisantios centum.

---

1. Cette localité de *Delve*, *Delvés*, *Delue* ou *Deluc*, sur les confins du Gévaudan et du Vivarais, ne nous est pas connue.
2. Saint-Bonnet, canton d'Aramon (Gard).

Item, dimitto Trinbie, nutrici filie mee domine Margarite, bisantios centum.

Item, dimitto Chati, ancille mee, bisantios centum monete currentis.

Et ego Berengarius Albi suprascriptus, testes circumstantes inferius nominatos, ad hec vocatos specialiter et rogatos, rogo ut de premissis omnibus et singulis habeant testimonium veritatis loco et tempore oportunis, approbando hoc presens testamentum meum et publicum instrumentum et cancellando codicillum aliud per me factum aut testamentum; et *vous,* notarium publicum infrascriptum super hiis faciatis publicum instrumentum ad sensum et discretionem cujuslibet sapientis dictatum facti, tamen substantia in aliquo non mutata, vestris signo et subscriptione communitum.

Acta fuerunt hec in civitate Nicossie, regni Cipri, in hospicio et in tinello dicti domini Berengarii, et ubi comeditur, presentibus nobilibus et discretis viris sire Guliermo de Cosessage, catalano; fratre Agoy de Lozaco, priore ecclesie hospitalis sancti Joannis Jerusalem; sire Le Monel de Jerusalem, Nimossensis diocesis; sire Joan Trecomessac[1], Nicosiensis diocesis; Nano de Florencia, nobili soldato regis serenissimi; Joanne de Laneva, Castrencis diocesis, et domino Petro Lamee, archidiacono et canonico Nicossiensis ecclesie, et nobili Durando Laurencii, ad specialiter per dictum dominum Berengarium, testibus vocatis et rogatis in testimonium premissorum.

Et ego Joannes de Sancto Joanne, clericus Arellatencis diocesis, publicus notarius archiepiscopalis juratus, in premissis omnibus et singulis, sicut premittitur, agerentur et fierent, cum prenominatis testibus, presens interfui et ea in notam recepi et publicavi. Approbans aliquas rasuras per me factas: scilicet ubi dicit, in xxi. linea: *B. de Cadoanie,* et etiam in eadem, ubi dicit *totidem;* et in xxvi ubi dicit *filium meum dominum Ramundum Albi militem et quod ipse dictus Ramundus*, etc. et in xxviii. ubi dicit *debita, videlicet omnes pecunias que michi debentur;* que non, misericordia Domini, ex malicia mea, sed ex inadvertencia mei scriptoris, etc.; et signum meum consuetum in publicis instrumentis signavi, ex breve ipsorum, in testimonium premissorum.

1. Non douteux.

XXV.
1415-1421.

Bulles de Martin IV et de Jean XXIII accordant certains priviléges au sujet de la confession à Agnès de Lusignan, fille du feu roi Jacques Ier [1].

Turin. Anciennes arch. de la Cour. *Regno di Cipro.* Anciens n°s 3 et 4 des Bulles. Originaux.

I. 1445. 19 février. A Constance.

Johannes, episcopus, servus servorum Dei, dilecte in Christo filie, nobili mulieri, Agnesie de Lusignano, nate clare memorie Jacobi, quondam Cipri et Armenie regis, salutem et apostolicam benedictionem. Provenit ex tue devotionis affectu, de quo nos et Romanam revereris ecclesiam, ut petitiones tuas, et presertim que anime tue salutem respiciunt, ad exauditionis gratiam admittamus. Hinc est quod nos, tuis supplicationibus inclinati, ut confessor tuus, quem duxeris eligendum, omnium peccatorum tuorum, de quibus corde contrita et ore confessa fueris, semel in vita et iterum semel in mortis articulo tantum, plenam remissionem tibi in sinceritate fidei, unitate sancte Romane ecclesie, ac obedientia et devotione nostra vel successorum nostrorum Romanorum pontificum canonice intrantium persistenti, auctoritate apostolica, concedere valeat devotioni tue, tenore presentium, indulgemus. Sic tamen, quod idem confessor de hys de quibus fuerit satisfactio impendenda, eam tibi, per te, si supervixeris, vel per heredes tuos, si tunc forsan transieris, faciendum injungat, quam tu vel illi facere teneamini, ut prefertur. Et ne, quod absit, propter hujusmodi gratiam reddaris proclivio ad illicita in posterum comittenda, volumus, quod si, ex confidentia remissionis, hujusmodi aliqua forte comitteres, quoad illa predicta remissio tibi nullatenus suffragetur. Nulli ergo omnino hominum liceat hanc paginam nostre concessionis et voluntatis infringere, vel ei ausu temerario contraire. Si quis autem hoc attentare presumpserit, indignationem omnipotentis et beatorum Petri et Pauli, apostolorum ejus, se noverit incursurum. Dat. Constancie, undecimo kalendas Martii, pontificatus nostri anno quinto.

1. Agnès de Lusignan accompagna sa nièce Anne, en 1434, lors du mariage de cette princesse avec le duc Louis de Savoie, et paraît s'être fixée à la cour de Piémont. Elle fut élue abbesse de Wunstorpen en 1451. Voy. plus loin, à cette date.

II. 1421. 21 février. Rome.

Martinus, episcopus, servus servorum Dei, dilecte in Christo filie, nobili mulieri, Agneti de Lusignano, clare memorie, Jacobi, regis Cipri, nate, salutem et apostolicam benedictionem. Benigno sunt illa tibi concedenda favore per que, sicut pie desiderare videris, conscientie pacem et salutem anime, Deo propitio, consequi valeas. Hinc est quod nos, tuis devotis supplicationibus inclinati, tibi auctoritate apostolica indulgemus ut aliquem ydoneum et discretum presbiterum in tuum possis eligere confessorem, qui, semel tamen in casibus apostolice sedi servatis, in aliis vero casibus etiam in quibus minores penitentiarii existentes in nostram Romanam curiam possunt absolvere, quotiens tibi fuerit oportunum, confessione tua diligenter audita, pro commissis debitam tibi absolutionem impendat et injungat penitentiam salutarem. Nulli ergo, *etc.* Si quis autem, *etc.* Dat. Rome, apud Sanctum Petrum, secundo idus Februarii, pontificatus nostri anno quarto.

XXVI.

1420, 27 janvier. Venise.

Le Sénat de Venise, consulté par le roi de Chypre sur les propositions que lui avait adressées le gouvernement de Gênes pour le rachat de la ville et du territoire de Famagouste, répond aux ambassadeurs chypriotes que l'arrangement projeté lui paraît très-désirable, comme tout ce qui sera avantageux au roi de Chypre, et qu'il espère voir diminuer le chiffre exorbitant de la somme demandée par les Génois pour la rétrocession de Famagouste.

Venise. Archiv. génér. *Senato. Secreti.* Reg. VII. 1418-1420. fol. 131.

M. CCCC. XVIIII. Die XXVII. Januarii.

Cum venerint ad presentiam nostri dominii duo honorabiles ambassatores illustris domini regis Cipri, qui, facta et explicata nostre dominationi, cum verbis pertinentibus, amicabili et honorabili salutatione, exposuerunt, presentatis litteris credulitatis ipsius illustris domini regis, quendam modum porrectum ipsi domino regi rehabendi civitatem Famaguste, cum castro et toto territorio suo; et presentarunt quedam capitula habita superinde pro nostra informatione, concludendo dictum illustrem dominum regem ad predicta noluisse dare responsum nisi habeat consilium et parere nostri dominii, quia sue intentionis est de respondendo juxta consilium dominationis nostre; vadit pars quod respondeatur dictis honorabilibus ambassiatoribus in hac forma, videlicet.

Quare, auditis his que dicti oratores super facta oblationis facte dicto illustri domino regi, de rehabitione civitatis Famaguste cum castro et territorio suo, nostro dominio exposuerunt, et visis capitulis habitis superinde presentatis per eos nostro dominio pro nostra informatione, dicimus quod toti mundo est notorium cum quanta sinceritate et singulari benivolentia ac mutua caritate fuerimus semper conjuncti cum quondam illustribus dominis regibus predecessoribus suis, et modo simili cum ipso illustri domino rege, et ex intrinseca benivolentia quam secum habuimus et habemus cum majestate sua semper optavimus et cupimus audire bonum et tranquilitatem et augmentum ipsius regni sui. Et circa eorum requisicionem habendi consilium et parere nostrum ad suprascripta, dicimus quod oblatio sibi facta de civitate Famaguste cum castro et territorio suo per illustrem dominum ducem Janue nobis placet. Tenemus quod summa pecunie petite causa predicta, que, ut dicunt, est excessiva, et sic nobis apparet[1], reducetur ad quantitatem et summam rationabilem et honestam. Et sic speramus et hortamur dictum illustrem dominum regem, quia de augmento et reintegratione sui status cum honore majestatis ejus essemus semper valde contenti, et haberemus superinde gaudium et leticiam singularem, tanquam de aucmento et tranquilitate status serenissimi fratris nostri domini, dicendo dictis oratoribus, cum verbis pertinentibus, quod regratiamur dicto illustri domino regi de confidentia quam summit et habet in nostro dominio.

De non, 4. Non sinceri, 5. De parte omnes alii[2].

XXVII.

1420, 19 février. Venise.

Le Sénat de Venise, à la suite de la demande que lui avaient adressée

---

1. On ne sait quelle était la somme demandée par la république de Gênes. Nous apprenons seulement par la pièce suivante du 19 février 1420, que le projet de rétrocession se poursuivit, qu'il y eut même un accord formel conclu à cet égard, et que la première partie de l'indemnité exigée du roi de Chypre par les Génois s'élevait à 160 mille ducats d'or. Mais, nous ignorons par suite de quelles circonstances le projet ne reçut pas sa pleine exécution. Famagouste demeura encore aux Génois jusqu'au règne de Jacques le Batard.
2. Au bas est écrit : « Nota quod capitula porrecta non sunt notata in libro,

les ambassadeurs de Chypre pour obtenir un prêt et la garantie de la république au sujet de l'indemnité que le roi de Chypre devait payer aux Génois, dans le but de racheter la ville de Famagouste, répond aux ambassadeurs que la Seigneurie ne peut avancer la somme demandée et qu'elle est même obligée de s'abstenir de fournir caution au roi de Chypre pour le surplus, afin d'éviter toute occasion de difficultés avec la république de Gênes [1].

Venise. Archiv. général. *Senato. Secrett.* Reg. VII. 1418-1420. fol. 135.

M. CCCC. XVIIII. Die XVIIII. Februarii.

Cum comparuerint ad presentiam nostri dominii duo illi honorabiles ambassiatores domini regis Cipri, qui sunt hic, et in effectu exponerint habuisse a suis qui sunt Janue qualiter sperant esse in ordine compositionis super rehabitione Famaguste, etc. et quod habent in mandatis, in dicto casu, a predicto illustri domino rege requirendi nostrum dominium de facienda securitate pro dicto illustri domino rege communi, seu excelso domino duci Janue, quod per prefactum illustrem dominum regem Cipri attendent et fient ea que promittit dicta causa, et quod de prima paga, que est ducatorum, $\overline{CLX}^a$, de quibus dari debent in Cipro ducati $\overline{XL}^a$, velimus sibi mutuare reliquos ducatos $\overline{CXX}^a$, quos promittunt preteritis tribus annis postea restituere nostro dominio, pro quibus habent oratores predicti, ut asserunt, a dicto domino rege solennissimas et amplissimas libertates obligandi dictum illustrem dominum regem, et omnia ejus bona, sicut fuerit opportunum; vadit pars quod dictis ambassatoribus respondeatur quod audivimus et plene intelliximus ea que nobis exposuerunt ex parte dicti illustrissimi domini regis, cui ex intrinseca benivolentia quam cum quondam illustribus dominis regibus predecessoribus suis habuimus, et modo simili cum sua majestate habemus et habere intendimus, vellemus posse continue complacere et suas requisitiones facere; sed, occurrentibus magnis et continuis expensis ex omni parte nostro dominio, tum ex guerra in qua sumus, tum etiam per alias diversas et varias vias, ut aperte et clare possunt cognoscere ex novitatibus quas audiunt, dicimus quod de mutuo pecunie predicte non videmus majestati sue posse modo aliquo complacere, rogantes ut dictis justis causis et respectibus placeat habere nostrum dominium merito excusatum. Ad factum autem

» sed sunt infilcitta cum parte suprascripta. » Nous ne les avons retrouvés ni dans les filze, ni dans les Registres.

1. Voy. la pièce précédente du 27 janvier 1420.

securitatis, habita consideratione superinde, dicimus quod, pro aliquibus honestis et rationalibus causis, et quia cum illa magnifica communitate Janue intendimus vivere pacifice et quiete, nec vellemus cum dicta communitate habere rem aliquam ex quam posset oriri ulla causa erroris vel scandali, placeat majestati sue, quam scimus nostram bonam intentionem bene cognoscere, habere nostrum dominium excusatum.

De parte, 129. De non, 4. Non sincere, 2.

XXVIII

1425-1427. Venise.

Décisions diverses du gouvernement de Venise pendant les expéditions du roi Janus contre les Egyptiens, afin d'empêcher ses nationaux de se mêler en rien aux affaires du roi de Chypre [1].

Venise. Archiv. génér. *Senato. Misti.* Reg. LV. LVI.

I

1425, 23 mars. — Au consul d'Alexandrie. — *Misti.* LV, fol. 117.

M. CCCC. XXV. Die XXIII. Marcii.

Capta. Quia bonum et utile est providere quod mercatores et subditi nostri possint conversari in partibus Sirie et Egipti, vadit pars quod scribatur et mandetur consuli nostro Alexandrie in forma infrascripta; quod mandatum mittatur presto per unam barcham armatam viro nobili ser Paulo Pasqualigo, supracomito nostro culfi, cui mandetur quod ire debeat presto in Alexandriam, et presentare dictum mandatum consuli nostro Alexandrie, et abinde non debeat discedere donec consul noster redierit de presentia soldani, ut cum eo possit dictus consul advisare regimen Crete et alios rectores levantis et nostrum dominium de his que fecerat in his rebus que sibi mandamus.

Tenor autem dicti mandati fiendi dicto nostro consuli sit in hac forma.

« Volentes providere novitatibus, molestiis et extorsionibus

---

[1]. Les sultans d'Egypte, fatigués des agressions du roi de Chypre, s'en prenaient indistinctement à tous les Chrétiens. Au milieu de ce conflit, la république de Venise, à force de précautions et de prudence, parvint cependant à maintenir des communications commerciales avec l'Egypte et à rester étrangère aux hostilités. Elle avait refusé de prêter de l'argent au roi Janus pour ses expéditions. Voy. *Hist. de Chyp.*, t. II, p. 516.

que illate fuerunt et quotidie inferuntur per soldanum et alios Mauros civibus et mercatoribus nostris in partibus subjectis ipsi soldano conversantibus, de quibus estis sufficienter informati, cum nostris consiliis rogatorum et additione, fidelitati vestre scribimus et mandamus quatenus, cum literis nostris credulitatis, quas vobis mittimus, presentibus alligatas, debeatis, cum familia vobis deputata pro consulatu, et cum duobus vel tribus mercatoribus nostris de inde, cum famulis suis, ire ambaxiator noster ad presentiam ipsius soldani, cui, presentatis ipsis nostris literis credulitatis, et factis debitis et convenientibus salutationibus et oblationibus, cum verbis pertinentibus et neccessariis que vestre prudentie videbuntur, debeatis exponere qualiter, tempore elapso, habuimus noticiam multas novitates, mançarias et extorssiones factas fuisse in havere et personis nostrorum mercatorum; et inter alias, intelleximus qualiter dictus soldanus intendit et vult quod de cetero illa damna que per alienas nationes fierent subditis suis per nostrales omnino solvantur. Quas quidem novitates sensimus cum maxima displicentia, unde, videntes eas esse contra honorem, promissiones et pacta quas et que tam late ab excellentissimis soldanis preteritis obtinuimus, et similiter illa confirmata fuerunt per suam serenitatem, deliberavimus mittere vos ad presentiam suam. »

Le consul devra demander au sultan de prescrire les mesures nécessaires pour que les Vénitiens puissent rester en sécurité dans ses états, comme par le passé; il avisera immédiatement la Seigneurie et les recteurs du levant du résultat de ses démarches.

II

1426. 5 Février. — Instructions pour le commandant de navires se rendant en Syrie. *Misti.* LV. fol. 191 v°.

M. CCCC. XXV. Die quinto Februarii, in consilio de C.

Quod fiat commissio nobili viro Marco Barbo, ituro capitaneo septem nostrarum cocharum ad partes Sirie, in hac forma.

« Au delà de Modon, tu ne t'avanceras qu'avec une extrême circonspection, en envoyant partout aux renseignements. Si rien ne s'y oppose, tu iras à S. Jean d'Acre, à Beyrouth et à Tripoli ; tu expédieras là les affaires de commerce comme d'habitude, prenant et déchargeant les marchandises. »

» Tu sais que nous avons contracté une alliance avec les Florentins contre le duc de Milan. Si tu rencontres des navires génois, agis avec eux suivant qu'ils se seront conduits avec les nôtres. S'ils n'ont rien fait contre nos navires ou nos concitoyens, reste en paix avec eux. Dans le cas contraire, et si tu te crois en force, attaque-les. »

« Nuy te arecordemo, per respecto de le novita che e tra el soldam el re de Cipri, che tu habi bona advertentia in el descender di nostri homeni de le nave in terra in cadaun luogo, açoche i bon fossi retegnudi ne impaçadi, e fa chel ne descenda men che se pora per ogno bon respecto. E cussi commandera al dicto vice capetanio per le nave che die andar in Acre e in i altri luogi predicti. Et a questo habi bona advertentia per che limporta molto. »

III

1426. 2 Août. — Instructions pour le commandant de navires allant en Syrie. — *Misti*. LVI, fol. 41-42.

M. CCCC. XXVI. Die secundo Augusti, in consilio C.

Quod fiat comissio nobili viro ser Antonio Diedo, capitaneo quatuor nostrarum cocharum iturarum ad partes Sirie.

On reproduit le commencement des instructions du 5 février. On rappelle l'alliance formée entre Venise, Florence et *le duc de Savoie*, contre le duc de Milan. On prescrit la même conduite que par le passé vis-à-vis des navires génois.

« Nui te arecordemo etiamdio, si per respecto de le novita che e tra el soldan el re de Cipri, como etiamdio per respeto de l'armada de Catellani e Çenoexi, laqual se die trovar in quelle parte, che tu habi bona advertentia in çaschadun lugo in el descender di nostri homeni de le nave in terra in cadaun luogo, açoche i non fosse prexi e retegnudi over impaçadi, e fa chel ne descenda men che se pora per ogno bon respecto. E cusi comandera a quella nave laqual andera in Acre. E a questo habi bona advertantia per che limporta molto. »

IV

1427, 7 Janvier. — Défense aux navires de commerce d'aller en Syrie sans une permission spéciale du sénat[1]. — *Misti*. LVI, fol. 67.

M. CCCC. XXVI. — Die septimo Januarii, in consilio C.

Capta. Cum, pro extorsionibus et violentiis et mançariis factis et illatis per soldanum et Mauros civibus et mercatoribus nostris,

---

1. En 1428 et 1429, les affaires commerciales avec Chypre reprennent peu à peu leur cours habituel. Le consulat vénitien ne fut rétabli cependant dans l'île qu'en 1430. Voy. ci-après Doc. XXXI.

conversantibus in partibus Sirie et Egypti, sit penitus necessarium facere aliquam bonam et salutiferam provisionem antequam naves Sirie presentis mude recedant de Venetiis, et talis provisio fieri non possit nisi primo senciatur et videatur si dominus dux Mediolani ratificat pacem conclusam secum, vadit pars quod ex nunc provideatur et astringatur quod nulla navis possit recedere de Venetiis pro eundo ad partes aliquas subjectas soldano sine licentia hujus consilii.

XXIX.

1427.

Rachat du roi Janus de Lusignan fait prisonnier par les Mameloucs au mois de Juillet 1426.

Extrait d'un inventaire d'anciens documents détachés, aujourd'hui perdus. Venise. Archiv. génér. *Fascicolo XIII*. N°s 128 et 129.

I

1427. Cipri rex, Janus de Lusignano, captivus in partibus sultani, redimitur ex manibus infidelium per virum nobilem dominum Angelum Michaelem [1], pro ducatis quinquies mille [2].

Lusignana, familia Cipri. Ex qua serenissimus dominus Janus de Lusignano, rex Cypri, dum esset captivus in partibus Sultani, fuit redemptus ex manibus infidelium per virum nobilem Angelum Michaelem, qui solvit pro eo ducatos 5,000.

II

Note extraite du ms. 528 du Fonds de la Reine de Suède. XV° siècle. Rome. Biblioth. du Vatican, *Descriptio terræ sanctæ*, citée dans les *Archives* de M. Pertz, t. XII, p. 290 (1872).

Nostris vero temporibus a soldano Egipti, rex (Cipri) extitit captus, et sub tributo 5,000 ducat. insulam subjugavit.

1. Le vénitien Angelo Micheli avait de nombreuses possessions en Chypre, où il résidait souvent. Il mourut sans avoir pu recevoir du roi Janus, par suite des malheurs du royaume, le remboursement de ses créances. Sa succession eut des difficultés avec le domaine royal qui se prolongèrent jusqu'aux règnes suivants. Voy. ci-après doc. 1440-1446.

2. Il paraît que le grand-maître de Rhodes fut le médiateur principal du rachat du roi Janus, et qu'Angelo Micheli fournit seulement, en totalité ou en partie, l'argent nécessaire au paiement de la rançon. Cela nous semble résulter des pièces citées dans l'*Hist. de Chypre*, t. II, p. 518. t. III, p. 30.

XXX.

1429-1430.

Documents sur le commerce du sucre et des poudres de sucre [1].
Venise. Archiv. génér. *Senato. Misti.* Reg. LVII.

I

M. CCCC. XXVIIII°. Die XXVI. Julii.

Capta. Cum navis Fantinocia, que itura est in Ciprum ad mudam pulverum jamdiu, de mandato nostri dominii et hujus consilii, fuit retenta, ita quod non potuerit recedere, et per consequens est satis clarum quod non poterit esse ad debitum tempus mudarum pulverum in Cipro, unde, nisi sibi subveniatur, passura est maximum damnum, proindeque Fantinus Fantinocio, patronus navis predicte, supplicaverit quod sibi in hoc subveniatur, vadit pars quod, consideratis predictis, et maxime quod ista dilacio non processit ex culpa sive defectu suo, sed processit ex mandato nostri dominii, terminus mude pulverum que est per totum mensem Septembris elongetur usque octo dies Octobris. De parte, omnes. (fol. 141 v°).

II

M. CCCC. XXVIIII. Die XXIII. Augusti.

Capta. Cum pulvis [et] zuchari Sicilie non habeant mutam, sed veniant quocumque tempore, et zuchari levantis non, et bonum sit omnes zuchari tractare equaliter, vadit pars quod pulvis et zuchari levantis, ab hoc anno in antea, non sint subjecti alicui mute, sed conduci et venire possint quocumque tempore, ut possunt zuchari Sicilie. De parte, omnes alii. De non, 2. Non sinc. 1. (fol. 147 v°).

III.

M. CCCC. XXX. Die XXVIII. Julii.

Quod concedatur mercatoribus insule Cipri quod res obligatas galeis Baruti, quoniam ipse galee non capitant in Ciprum, quod dicti mercatores possint mittere res quas mitterint cum galeis Baruti cum navi Marci Longo, que vadit ad pulveres ad insulam

---

1. J'ai eu souvent l'occasion de parler des sucres de Chypre et de leurs diverses qualités. Voy. surtout t. II, p. 95. n., t. III, p. 88-89 et 249 n. Et en outre, t. II, p. 403, 424, 427; 459, t. III, p. 27, 31, 179, 221. Cf. Guill. Heyd, *Le Colonie commerciali degli Italiani in Oriente.* Venise. 1868. t. II. p. 312.

Cipri, solvendo galeis nabula ac si super galeis fuissent caricate. (fol. 241).

XXXI.

1430, 5 février. Venise.

Rétablissement du consulat vénitien en Chypre.
Venise. Archiv. génér. *Senato. Misti.* LVII. fol. 188, v°.

M. CCCC. XXVIIII°. Die quinto Februarii.

Capta. Cum, tempore novitatum insule Cipri, captum foret quod bajulus noster ex inde recederet, creato prius uno bajulo cum salario bisantiorum mille, et neccessarium sit, tam pro servandis jurisdictionibus nostris in insula predicta et pro habendo introitus qui pro hujusmodi bajulatu consueverant haberi, quam etiam pro multis aliis bonis respectibus, quod nos habeamus ibidem unum bajulum nostrum, sicut haberi consueverat, vadit pars quod eligi debeat unus bajulus Cipri in majori consilio, per illum modum et cum illis salario, condicionibus et commissione cum quibus mittebamus ante proximam novitatem, salvo quod bajulus recipiat salarium suum deinde.

XXXII.

Du 3 juillet 1432 au 28 septembre 1433.

Notes originales de Hugues de Lusignan[1], seigneur de Sidon, sur la naissance de ses filles Jaquette et Éléonore de Lusignan, écrites au commencement du règne de Jean II de Lusignan.
Bruxelles. Biblioth. royale. Mss. de la Biblioth. de Bourgogne, n° 10175, renfermant une *Histoire universelle* depuis la création du monde jusqu'à la mort de Jules César, écrite par Bernard d'Acre[2].

Le giosdi, à III. gours de Gunet, M. IIII^c XXXII. de Crist, à oure

---

1. Je ne sais à quelle branche de la famille royale rattacher ce Lusignan.
2. Ce ms. dont une copie se trouve dans la même Bibliothèque sous le n° 18295, a été décrit par M. Kervyn de Lettenhove, qui a déjà cité les extraits précédents. (*Notes sur quelques mss. de la Bibl. de Bourg.* p. 31. Extr. du *Bull. de la comm. roy. d'Hist.* 2° s. t. XI, n° 2.). Aux premiers feuillets se trouve un écu d'azur engrelé de gueules, à la bande d'or ; à dextre, une tête de lion, langué de gueules, couronné d'argent ou de sable. M. de Lettenhove a bien voulu m'envoyer un calque des notes de Hugues de Lusignan qui sont écrites sur le dernier feuillet du ms. et me donner ainsi lui-même le moyen de revoir le texte sur l'original.

de tierce, enfanta ma feme, dame Usabia¹ Babina² .I. fllie, laquele a eu soun noum Gaca de Lezenian. Amen.

Le mardi, à xxvi. gours dou mos de Goust, l'an de M. III^c xxxii. de Crist, fu batizé ma fllie, Gaca de Lezenain, en la chapele dou roi moun seniour. E la batiza le roi Gaian³, madame Anna⁴, le counte de Triples⁵, Perron de Nival⁶, le counçoul des Geneiouvos⁷, Fiebus de Luzenian⁸, sire Gac de Cafran⁹, Oguet Çoudan¹⁰, sire Gian...., sire Gian de Biaugieu? sire Gorge Gobert, l'eveeque des Grieus, la dame de Barut, la feme de sire Pier de Ca...pa...l le..... sire..... Amen.

Le lunndi, à xxviii. gours dou mos de Cetenbre, l'an de l'Incarnacioun nostre seignour Gesu Christ M. III^c. xxxiii. à oune oure dou gour, enfanta ma feme, dame Uzabia Babina .I. fllie, laquele a eu noum Lienor de Luzegnian. Amen.

XXXIII.

1432-1433.

Lettres diverses concernant le mariage d'Anne de Lusignan, fille de Janus de Lusignan, roi de Chypre, et de Charlotte de Bourbon avec Louis de Savoie, alors comte de Genève, depuis duc de Savoie¹¹.

Turin. Archiv. royales. *Regno di Cipro.* Mazzo 1°. Extr. de la liasse n° 7.

1. Le ms. porte deux fois *Usabia* et *Uzabia*, plutôt qu'*Ysabia*, forme altérée en Chypre d'Isabeau, ou Isabelle.
2. Les Babin étaient de la haute noblesse du royaume.
3. Le roi Jean II, fils et successeur de Janus.
4. La princesse Anne de Lusignan, sœur de Jean II, déjà fiancée au fils aîné du duc de Savoie, mais qui ne quitta l'île de Chypre pour se rendre en Savoie qu'à la fin de l'année 1433, ou au commencement de 1434.
5. Le comte de Tripoli était alors un prince Pierre de Lusignan, qui paraît être petit-fils ou arrière-petit-fils de Jean de Lusignan, prince d'Antioche, frère du roi Pierre Ier (*Hist. de Chypre*, t. III, p. 3, 16, n.).
6. Lecture incertaine. Noms inconnus.
7. La fin du mot est douteuse; mais il s'agit bien du consul des Génois à Nicosie. Sendale Gentile remplissait cet office en 1435. *Hist.* t. III, p. 26.
8. Fils naturel du roi Janus, qui fut chargé de quelques ambassades en Europe. *Hist.* t. III, p. 72, n.
9. Jacques de Cafran, maréchal de Chypre.
10. Hugues ou Huguet Soudan. *Hist.* t. III, p. 18.
11. On trouvera quelques autres documents concernant cette alliance dans les premiers volumes de notre *Hist.* t. II, p. 525, t. III, p. 10-12. — Le contrat de mariage dont parle le roi Janus dans ses lettres à son beau-frère de Bourbon, et

I

1432. 12 janvier. De Nicosie.

Janus, roi de Chypre, à Jacques II de Bourbon, comte de la Marche, roi titulaire de Naples et de Hongrie, son beau-frère. Après avoir rappelé le premier mariage projeté entre sa fille Anne de Lusignan avec Aimé, ou Amédée de Savoie, prince de Piémont, et la mort de ce prince, le roi annonce à son beau-frère la conclusion du projet de mariage de la princesse Anne avec Louis de Savoie, comte de Genève, actuellement fils ainé du duc de Savoie, par les soins de Simon du Puy, son écuyer, chargé de la procuration du duc [1].

A très hault et très puissant prince Jaques, par la grace de Dieu, roy de Hongrie et de Sicile, nostre très chier et très amé frère, Janus, par icelle mesme grace, roy de Jerusalem, de Chipre et d'Armenie, salut, avecques très parfaite et entiere dilection.

Très cher et très amé frère. Pour le grant desir qu'avons de savoir vostre bon estat, lequel Nostre Seigneur, par son plaisir, vueille tous temps faire tel et si bon en toutes choses comme vous mesmes le vouldriez souhaidier, et que de tout nostre cuer parfaictement le desirons, nous escripvons par devers vous, prians que par les venans par deça vous plaise souvent nous en acertenner, car à en oir en bien, nous prenons très parfaicte consolation et plaisir. Et pource que tenons de certain que semblablement desirez savoir du nostre, vous signifions que, depuis certain temps en ça, avons passé une très-grant et dure maladie, de laquelle ne sommes encore bien délivrés, mais nous esperons en Nostre Seigneur que brief par sa grace, nous serons en bonne santé. Touteffois à la faisance de cestes, nos très chers et très améz enfans le prince d'Antioche [2] et Anne, vos nepveu et niepce, estoient en tres bonne santé, grace à Dieu, que le semblable vous ottroit.

Très cher et très amé frère, vous savez comme nagaires, par

à son frère le cardinal de Chypre, avait été conclu à Nicosie quelques jours avant le 1er janvier 1432. Il a été publié par Guichenon, *Hist. de Savoie*, t. II p. 364; Lünig, *Cod. Dipl. ital.* t. I, col. 703 ; Dumont, *Corps dipl.* t. II, 2e p., p. 247 ; et Reinhard, *Hist. de Chypre*, t. I, pr., p. 97. La mort du roi Janus (29 juin 1432) retarda la conclusion définitive de ce mariage. Célébré d'abord par procureur à Nicosie en 1433 (not. *Hist.* t. III, p. 20.), il ne fut définitivement béni et consommé qu'au mois de février 1434, à Chambéry. (*Hist.* t. III, p. 12, n.)

1. Voy. sur ces documents, *Hist.* t. II, p. 526, not.
2. Jean de Lusignan, fils aîné et successeur du roi Janus.

vostre bon conseil et avis, nous entendismes de faire alliance de mariage de nos dessusdiz très améz enfans le prince et Anne avec les enfans de très puissant prince et nostre très amé cousin le duc de Savoye, laquelle chose ne se peu acomplir, ja soit ce qu'il vous eust pleu d'en prendre très grant peinne et travail. Touteffois il est vray, que depuis que très révérend père en Dieu nostre très cher et très amé frère le cardinal de Chipre s'en est alé en court de Rome, comme cellui qui desire de tout son cuer le bien de nos dessusdiz enfans, ses nepveu et niepce, s'est de son propre mouvement avisé de toucher de la dicte matiere avec nostre dit très amé cousin le duc de Savoye, en tenant telles et si bonnes manieres devers lui qu'il a esté content d'y entendre. Et est la chose alée si avant que, en ceste année, nous avons envoyé devers lui noz ambaxadeurs pour accorder le mariage de nostre dicte très amée fille Anne, vostre niepce, avec nostre beau cousin le prince de Pymont, son filz aisné. Lesquelz arrivez devers lui, traicterent et accorderent du tout ledit mariage. Laquelle chose faicte, l'un de nos dessus diz ambaxadeurs se party pour venir devers nous; et l'autre, nommé Symon du Puy[1], nostre escuier d'escuierie, demoura pour poursuir aucunes escriptures touchant à la matière, pendant laquelle demeure Nostre Seigneur fist son commandement de nostre dit beau cousin le prince, que Dieux absoille! et demoura ledit Symon moult melencolieux. Neantmoins, par le conseil et avis d'aucuns noz amis d'icelles parties, icellui Symon et eulx entasmerent la matiere avec nostre dit très amé cousin le Duc de faire le mariage de nostre dicte très amée fille avec nostre beau cousin Loys de Savoye, conte de Genève, aujourd'hui son filz ainé. Lequel, de très-bonne voulenté, s'assenty à ceste chose et tellement que avec plaine puissance il a renvoyé devers nous le dict Symon pour passer et accorder le dict mariage, s'il nous plaisoit. Voyans laquelle chose, et considerans que avions tousjours désiré avoir alliances avec ledit duc de Savoye, qui est aujourduy un moult notable et puissant seigneur, et mesmement aians souvenence du bon avis et conseil que autrefois nous avez donné, avons sans riens vouloir debatre passé et accordé du tout ledit mariage. Et le vous faisons savoir, pour ce que tenons de certain qu'en aurez consolacion et plaisir. Et, en vérité, nous le vous eussions dès le commencement fait

---

1. *Hist.* t. II, p. 523 n. ; 525; 526. T. III, p. 14.

savoir, mais considerans les chemins qui sont aujourduy dangereux et longs, parquoy en alant devers vous et retourner povoyent expirer aucuns termes ordonnez pour l'acomplissement de la dicte besogne, l'avons laissé, et non pour autre chose.

Très cher et très amé frère, autre pour le present ne vous escripvons, fors que s'il vous plaist aucune chose que puissons, signifiez le nous pour le faire de bon vouloir. Ce scet le benoit filz de Dieu, qui vous doint bonne vie et longue.

Escript à Nicossie, le xii° jour de Janvier.

II

Le roi de Chypre au cardinal Hugues de Lusignan, son frère.

Janus, par la grace de Dieu, roy de Jérusalem, de Chipre et d'Arménie, à très révérend père en Dieu, nostre très cher et très amé frère, Hugues, cardinal de Chipre, salut avec très parfaite et entière dilection.

Très cher et très amé frère, vous savez comment premierement, moyennant la grace de Dieu, et après le bon mouvement et aide de vous, et non d'autre, le mariage et alliance de nostre très-chère et très amée fille Anne, vostre niepce, avoit esté traictiez et accordez avec le prince de Pymont, fils aisné de nostre très cher et très amé cousin le duc de Savoye, lequel prince, depuis ledit accord est alé de vie à trespas, dont il nous a despleu de tout nostre cuer, Dieu par sa grace lui ottroit vray pardon! Or vous savez que à traictier ledit mariage, nostre amé et féal conseiller Jaques Orry[1] chevalier, et nostre bien amé et féal escuier d'escuierie Symon du Puy, par vostre bonne voulenté et ordonnance avoient esté commis. Et estant ladicte chose du tout passée et accordée, nostre dit amé et féal conseiller Jaques Orry se parti

---

1. Il a été déjà question de Jacques Ourri, Urri ou Gourri dans nos documents et notre histoire, une première fois comme Chancelier de Chypre (*Hist.* t. II, p. 526), et ailleurs comme Vicomte de Nicosie (t. III, pag. 16. n., 17. n.). Ces indications ne sont pas erronées. Jacques Ourri était à la fois vicomte de Nicosie et *Vice*-Chancelier du royaume de Chypre, comme on le voit dans un acte de Nicosie du 15 janvier 1454 (*Commem.* XIV. fol. 120) qui sera imprimé dans la suite de nos preuves. Au traité de Gênes de 1441, il est qualifié *Miles, et vicecancellarius regni Cypri* (Sperone, *Real Grandezza*, p. 166, où le nom est mal écrit *Jacobus Vuvi*). Resté fidèle à Louis de Savoie et à Charlotte de Lusignan, le vicomte de Nicosie fut massacré en 1457 par les partisans de Jacques le Batard. (*Hist.* t. III, p. 18. n.)

des parties de Savoye, faisant son chemin devers nous, et poursuyvant aucuns services touchans à la dicte besoigne, laissant nostre dict escuier Symon du Puy, pendant laquelle poursuite, ledict prince de Pymont ala de vie à trespas, et demeura nostre dist escuier moult esbahy et en grant malenconie. Touteffoiz, comme cellui qui desiroit le bien et honneur de chacune partie, prist en soy vigueur et courage, et s'appensa, par le conseil d'aucuns de nos bons amis de par delà, de vouloir savoir se il pourroit practiquer avec nostre dit très amé cousin le duc de Savoye de faire le mariage de nostre dicte très amée fille avec son filz aisné apres le dit feu prince de Pymont, à présent conte de Geneve. Et en conclusion, par le conseil de nos dessusdits bons amis, poursuy si bien et si saigement, que dudit mariage nostre dit très amé cousin de Savoye fut content, et nous renvoya nostre dit escuier avec plaine puissance, laquelle il nous a monstré et dit plusieurs choses de sa part. Toutes lesquelles choses veues et considérées, et regardans que, par dissimuler et attendre, il peut venir de graves inconveniens à non acomplir et prendre un si notable parti comme est cestui, avons du tout condescendu et accordé à la bonne voulenté de nostredit très amé cousin de Savoye, comme de tout ce serez informez plainement par nostre dit escuier, que pour ceste cause renvoyons prestement par delà et devers vous. Au rapport duquel vous plaize adjouster plainne foy et creance, ainsi que à nous mesmes, vous prians, très cher et très amé frère, que ainsi que il vous a pleu de vostre bonne et parfaicte amour et voulenté encommencier ladicte alliance, il vous plaise que par vous et non autre soit du tout mise à bonne conclusion, ainsi que nostre parfaicte fiance en est en vous. Et oultre ce, très cher et très amé frere, vous prions que ledit Symon vous plaise avoir pour especialement recommandé et pour amour de nous lui pardonner et tenir pour excusé de ce que accomplissant le dit dernier traictié, il n'est peu aler devers vous, comme il en avoit bonne voulenté, mais considerant que les galées de Venise se partoient prestement, et qu'il estoit le dernier passage de ceste année, et povoit par sa deffaulte le terme qui estoit accordé touchant le dict mariage expirier et venir à rompre, delibera pour le mieulx de s'en venir prestement devers nous. Et en vérité, son excuse nous semble bonne et raisonnable, très cher et très amé frere, pour le present, fors que se vous signifiez chose que vous plaise, nous l'acomplirons de bon vouloir. Ce scet le benoit filz de Dieu, qui vous ait en sa sainte garde. Et vous donne bonne vie et longue.

Escript à Nicossie, le xıı° jour de Janvier.

III

[1432.] 12 janvier. De Nicosie. Janus, roi de Chypre, à Antoine Fluvian, grand maître de Rhodes. Il lui annonce le mariage de sa fille Anne avec le fils de son cousin le duc de Savoie, et lui recommande Simonin du Puy, son écuyer d'écurie, qui doit passer à Rhodes, en se rendant par delà.

[1432.] 12 mai. Le duc de Savoie au roi de Chypre. Il a appris avec plaisir son consentement donné au mariage d'Anne et de Louis. Il sait que le cardinal de Chypre doit lui envoyer l'évêque d'Angoulême pour traiter des conditions et de la conclusion. Il consentira à tout ce qui sera convenable et nécessaire.

[1432.] 12 octobre. Le duc de Savoie au cardinal de Chypre. Il a reçu les informations qu'il avait chargé l'archidiacre de Turin et Simonin du Puy de lui donner. Il charge les mêmes messagers de lui répondre.

[1432]. 28 novembre. Le cardinal de Chypre au duc de Savoie. Il a reçu des lettres du roi de Chypre, son frère, qui désire que la consommation du mariage déjà conclu soit hâtée.

[1432.] 24 décembre. Le cardinal de Chypre au duc de Savoie. Il regrette que ses ambassadeurs n'aient pu encore revenir de Chypre, faute de navires en partance. Les retards survenus au mariage ne peuvent lui être imputés. Il désire que la célébration ait lieu le plus promptement possible.

[1433.] 25 janvier. Le duc de Savoie au cardinal. Il le remercie des soins qu'il se donne pour la conclusion définitive du mariage et le prie de faire toute diligence pour la hâter.

[1433.] 25 janvier. Le duc de Savoie au cardinal de Chypre. Il le remercie des renseignements envoyés et de ses démarches pour effectuer le mariage tant retardé ; il le prie de faire tout son possible pour que de nouveaux attermoiements ne surviennent pas.

[1433.] 1ᵉʳ mars. Le cardinal de Chypre au duc de Savoie. Il lui est impossible de prévoir encore l'époque où on pourra célébrer réellement le mariage, en raison des difficultés des communications avec l'île de Chypre et des malheureux événements survenus dans ce pays depuis la mort du roi Janus (29 juin 1432). Il est très-peiné de ces retards, et il en a écrit au nouveau roi, son neveu.

[1433.] 11 mars. Le cardinal de Chypre répète au duc ce qu'il a dit dans sa précédente lettre et annonce avoir envoyé une personne sûre en Chypre pour obtenir une réponse du roi.

[1433.] 2 avril. Le cardinal de Chypre au duc de Savoie. Il annonce que le Pape lui a conféré l'abbaye de Sainte-Marie de Pignerol ; il prie le duc d'accorder sa bienveillance et son concours à Louis de Romagnano, chargé par lui de prendre possession de l'abbaye; il envoie en même temps le contrat de mariage d'Anne de Lusignan et de Louis de Savoie (vraisemblablement l'acte dressé à Nicosie le 1ᵉʳ janvier 1433) et la ratification du contrat.

IV

1432, 11 septembre. De Rome.

Le cardinal de Chypre, Hugues de Lusignan, au duc de Savoie Amédée VIII.

A très hault et puissant prince et mon très honnoré cousin, le duc de Savoye.

Très haut et puissant prince, et mon très honnoré cousyn. Combien que par vos ambasseurs pour aucunement avoir comprise l'entencion et volunté de mon très honnoré seigneur et nepveu le roy, sur le fait des alliances faictes et commancés par feu de bonne mémoire, le roy son père, dont Dieu ait l'ame, entre mon très chier et très amé cousin le conte de Geneve, vostre filz et ma très chiere et très amée niepce Anne; néanmoins pour ce que mondict seigneur le roy m'en a aucunement rescript, je vous ay voullu notiffier par mes chiers et bien amés Symon du Puys et l'arcidiaque de Thurin, au rapport desqueulx vous plaise adjouster foy comme à moy mesmes, et tousjours entretenir de bien en mieulx votre bonne volunté et affection sur les dictes alliances, ayant quelque regart en la bonne condicion de madicte niepce, et aussy compassion au très grant inconvenient et piteux cas entrevenu à mon dit seigneur et son royalme, et à ses nécessites et affaires. Et quant est de moy, je m'efforcerai et mectray toute ma dernière puissance de vous faire actendre et observer tout ce qui vous sera convenance et prommis. Très cher et très honnoré cousin, s'aucune chuse vous plait que feré puisse, plaise vous le moy fere savoir, et je l'acompliray de très bon cuer à mon povoir. Ce scet Dieu, qui vous doint bonne vie et longue. Escript à Rome, le xiᵉ jour de Septembre.

Le tout votre cousin, le cardinal de Chipre.

XXXIV.

1439, 9 octobre. — 1440, 23 mai. Venise.

Décisions du Sénat autorisant l'armement d'une galère destinée à transporter en Chypre Aimée de Montferrat, fiancée au roi de Chypre

Jean II, et déterminant les présents à offrir à la reine, lors de son départ de Venise et de son passage dans les ports et les îles de la seigneurie.

Venise. Archiv. génér. *Senato. Misti.* Reg. LX, fol. 172 et 218.

I

M. CCCC. XXXVIIII°. Die nono Octobris.

Cum ambaxiatores serenissimi domini regis Cipri, qui venerunt ad presentiam nostri dominii, inter cetera principaliter supplicaverint, cum magna instantia et cum multis ornatis verbis et rationibus, ut, pro conducendo in Ciprum, secure et honorifice, dominam reginam, sponsam dicti regis, filiam domini marchionis Montisferati[1], dignemur sibi concedere unam galeam, quam in Venetiis armare possint, omnibus suis expensis; et attenta singulari et magna amicicia qua cum dicto rege sumus conjuncti, attentisque justis honestis et efficacibus rationibus per eos allegatis, et instantia magna quam fecerunt habendi eam, habitoque etiam respectu quod domino marchioni, patri sponse, qui fecit similem requisitionem fuit complacitum, nec alicui domino vel principi qui hoc petierit nunquam fuerit a nostro dominio denegatum; vadit pars quod, pro predictis omnibus respectibus, respondeatur dictis ambassiatoribus in ea bona forma verborum que videbitur dominio, quod contenti sumus in hac re dicto serenissimo domino regi complacere. De parte, 81. De non, 17. Non sincere, 4.

II

M. CCCC. XL. Die XXIII°. Maii.

Quod, pro honorando serenissimam dominam reginam Cipri, sicut est conveniens honori nostro, ex nunc captum sit quod, in hoc suo recessu, sibi presentari et donari debeat tot brachia panni deaurati quot sint pro valore librarum xxx. in xxxv. grossorum; et ulterius, scribatur et mandetur rectoribus terrarum nostrarum ad quas capitabit dicta serenissima regina quod eam visitare et honorare debeant, ac sibi facere unum exenium valo-

---

1. Aimée ou Amédée de Montferrat, fille de Jean-Jacques Paléologue, marquis de Montferrat. Elle était fiancée à Jean II de Lusignan depuis le 23 septembre 1437 (*Hist.* t. III, p. 79). Elle s'embarqua à Venise le 28 mai 1440 (*loc. cit.* p. 80, n.), arriva vraisemblablement en Chypre au mois de juin, fut mariée solennellement à Ste-Sophie le 3 juillet, et mourut au mois de septembre suivant.

ris librarum Lᵗᵃ parvorum, pro quolibet locorum ad que accedet ipsa regina, in illis victualibus que eis videbuntur. Que quidem loca intelligantur esse Pola et Jadra. In Corphoy vero et Mothono, sibi presententur de rebus comestibilibus pro valore yperperorum Lᵗᵃ. Et in Candida, si eam illuc ire contingerit, pro valore yperperorum centum.

Vult quod, loco dicti panni deaurati, sibi presentetur unum jocale valoris librarum triginta in triginta quinque grossorum ; et extra Venetias, fiat ut in suprascripta parte continetur. De parte, 7.

Vult quod hic presentetur sibi solummodo intra confectiones et alias res tantum quantum sit pro valore ducatorum LX.; et extra Venetias, fiat ut in suprascripta parte cavetur. De parte, 26. De non, 8. Non sincere, 4.

XXXV.

1440, 9 janvier, et 13 septembre. Venise.

Election de Nicolas Petriano, secrétaire ducal, chargé de se rendre en Chypre pour défendre auprès du roi les intérêts de feu Angelo Micheli et de Nicolas Bragadino. — Lettre du sénat à Petriano, rendu en Chypre, à la suite de l'insuccès de ses premières réclamations.

Venise. Archiv. génér. *Senato. Misti.* Reg. LX, fol. 186 v°, 250.

I

M. CCCC. XXXVIII°. Die VIII°. Januarii.

Cum nuperrime, per serenissimum dominum regem Cipri, de facto accepte fuerint saline Cipri, quas pignore tenebat comisseria quondam viri nobilis ser Angeli Michael[1], pro ducatis .Vᵐ., contra conventiones quas idem quondam ser Angelus habebat cum illa regali majestate, ut patet publico instrumento ; ac etiam facta fuerit certa novitas prudenti civi nostro Nicolao Bragadino contra debitum justitie, et supplicatum nobis fuerit de opportuna subventione pro parte commissarie antedicte et suprascripti Nicolai ; vadit pars quod mittatur, ad communes expensas ipsius commissarie et Nicolai, per collegium, unus noster nuncius ad serenissimum dominum regem Cipri predictum, cum illa commis-

---

1. Angelo Micheli avait fourni les sommes nécessaires au rachat du roi Janus, en 1427. Voy. ci-dessus, Ann. 1427.

sione que ipsi collegio videatur. De parte, omnes alii. De non, 4.
Non sincere, 1.

Nota quod per collegium, vigore suprascripte partis, missus fuit circumspectus vir Nicolaus Petriani, secretarius domini ducis.

II

M. CCCC. XL. Die XIII°. Septembris.

Quod circumspecto viro, Nicolao Petriani, secretario nostro, ad serenissimum dominum regem Cipri, scribatur in hac forma, videlicet.

« Nicolae, per litteras tuas, quas superioribus diebus accepimus, plene remansimus informati de his que dixisti et fecisti cum illo serenissimo domino rege, pro favore jurium hereditatis quondam nobilis Angeli Michael, civis nostri, juxta mandata et diligenter. »

« Présente-toi de nouveau à l'audience du roi avec notre consul, et dis à sa majesté notre surprise et nos regrets de voir que tes réclamations restent sans effet, nonobstant les bons rapports qui ont toujours existé entre ses prédécesseurs et notre seigneurie. Comme il est de toute justice de rémédier aux spoliations dont nous nous plaignons, demande instamment au roi de faire restituer les salines à la succession d'Angelo Micheli.

» Si le roi consent à la restitution, remercie sa majesté, et demande-lui la permission de revenir aussitôt à Venise.

» Si le roi, après avoir rendu les salines, exprimait cependant le désir de remettre l'examen de cette affaire à un juge ou commissaire de ces pays, *in partibus illis*, tu y consentiras, ou bien tu diras que la cour romaine est un terrain neutre, *locus communis*, non suspect à aucune des parties et qu'on y peut choisir convenablement un ou plusieurs arbitres compétents.

» Si tu n'as pas du roi de Chypre une réponse conforme à nos désirs, témoigne au roi, par les paroles les plus convenables, notre regret, et déclare que tu as ordre de rentrer sans délai à Venise et de notifier de notre part que, ne pouvant refuser d'admettre les justes réclamations de nos concitoyens, nous allons procéder contre les biens des Chypriotes *quia procedere contra bona Ciprianorum*, afin qu'il soit donné satisfaction d'une manière ou d'autre aux intérêts de ceux de nos concitoyens qui se trouvent lésés. »

Et ex nunc captum sit quod, non valente Nicolao predicto obtinere sicut dictum est, bona Ciprianorum de hinc sequestrentur, non intelligendo tamen de bonis spectantibus ad ecclesias. De parte, 9. De non, 17. Non sinc., 9.

XXXVI.

1440-1446. Venise.

Réclamations du Sénat auprès du roi de Chypre en faveur de divers Vénitiens et à l'effet d'obtenir le paiement des sommes dues par le roi à la république.

Venise. Arch. génér. Conseil des Prégadi. *Senato. Mar.* Reg. I et II.

1440, 16 octobre. — Décision du sénat. « Il y a lieu de veiller aux intérêts de la succession d'Angelo Micheli et aux affaires de Nicolas Bragadino[1], objet pour lequel la seigneurie a envoyé en Chypre le secrétaire Pétriano, le roi de Chypre ne se montrant pas disposé à faire rendre prompte justice à nos concitoyens. (Reg. I. fol. 2.) »

1441 (n. s.) 16 février. — Lettre au consul de Chypre. « L'évêque de Limisso, *episcopus Limisso*, orateur du roi de Chypre, s'est présenté récemment devant notre seigneurie et a donné des explications pour justifier le roi des retards mis au règlement des affaires de notre concitoyen, Nicolas Bragadino, qui demeure en Chypre. Désirant un arrangement amiable de cette affaire, nous te chargeons de te présenter devant le roi avec Bragadino, afin de ménager une transaction. S'il est totalement impossible d'arriver à un accord, fais-nous connaître exactement le point de la difficulté, et la somme pour laquelle Bragadino peut être créancier du roi, afin que nous agissions au mieux. » (I. 77, v°.)

1445, 5 mars. — Lettre au consul de Chypre. « Tu sais qu'il existe depuis longtemps des difficultés entre le roi de Chypre ou son conseil, *consilium*, et Pierre Bragadino. L'évêque de Limisso est venu à Venise pour cet objet. Il a été reconnu que les réclamations des Bragadino étaient fondées et on a promis d'y faire droit. Nous avons en conséquence, et à la demande de l'évêque, fait lever le séquestre mis sur les sommes déposées par le chevalier Piniol[2], *imprestitis spectabilis militis Pignoli*. Néanmoins, le roi ne fait rien et ne paie pas. Renouvelle tes réclamations. » (II. 62, v°)[3].

1445, 9 juillet. — Décisions. 1. Le roi de Chypre continuant à ne pas donner les satisfactions dues, le sénat décide qu'il y a lieu de nommer un ambassadeur chargé de porter en Chypre les plaintes de la seigneurie. — 2. Avis à tous ceux qui auraient des réclamations à faire valoir contre le roi de Chypre de faire inscrire à la chancellerie ducale, dans le délai de huit jours, ce qui leur est dû, *damnum suum faciant notari*. (II. 92 v°.)

---

1. Voy. ci-dessus, n° XXII, p. 15-17.

2. Le chevalier Etienne de Piniol ou de Pignoli avait été maitre de la maison de Charlotte de Bourbon, qu'il accompagna de Venise en Chypre. Il avait été chargé de diverses missions en Italie par les rois Janus et Jean II. *Hist.* t. II, p. 504, 516, 528. T. III, p. 24 n.

3. Lettre au consul, réitérée les 19 août et 23 septembre 1446.

1445, 11 août. — Lettre du sénat à Pierre Contarini, consul en Chypre. — Va trouver le roi, rappelle à sa majesté qu'elle devait à feu notre concitoyen Angelo Micheli, la somme de 17,000 ducats, pour le paiement de laquelle somme avait été engagé à Micheli le village de Kouklia, *casale Cuchle*[1], à condition que le roi fournirait les ouvriers nécessaires, *ergatas seu operarios dicti casalis*, ce que sa majesté a été dans l'impossibilité de faire. Rappelle que, par égard pour le roi, nous avions ménagé un nouvel accord, aux termes duquel les 17,000 ducats devaient être payés en 6 ans, à raison de 2,500 ducats par an, paiements qui avaient été assurés sur les poudres de sucre et les zambours des villages de Kouklia et de Chelia [2], *pulveres et zamboros casalis suprascripti Chucle et casalis Chilie*[3] ; quand nous avons appris avec un grand déplaisir que tous les sucres desdits villages étaient déjà engagés par le domaine royal à des marchands génois. Tâche d'arranger cette affaire avec le roi, et en attendant fais défense à tous Vénitiens d'acheter au roi, ou pour son compte, les sucres des villages obligés à Micheli. » (II, 99 v°.)

1445, 6 septembre. — Le sénat au roi de Chypre. Doléances sur l'inexécution des engagements pris par sa majesté avec Angelo Micheli et Marc Cornaro, et sur l'arriéré des dettes du roi vis-à-vis de la seigneurie.

XXXVII.
1443-1444.

Élection de Pierre Contarini chargé de se rendre en Chypre comme ambassadeur, et, le cas échéant, comme consul, pour réitérer les réclamations de la république concernant les intérêts de différentes maisons de Venise et le paiement toujours différé des dettes du roi. Instructions à l'envoyé.

Venise. Archiv. génér. *Senato. Mar.* Reg. I.

I

1433, 17 mai. — Décision. « Comme nos lettres et nos instances pour obtenir du roi de Chypre le paiement des sommes qui nous sont dues sont restées jusqu'ici sans effet, et qu'en outre des tracasseries et des injustices sont journellement faites à nos concitoyens en Chypre, le sénat décide qu'il y a lieu de surseoir à l'élection du nouveau baile ou consul *ut circa predicta fieri possint ille provisiones que magis utiles cognoscentur.* » (I, 172 v°.)

1. Kouklia, où sont les ruines de Palepaphos. *Hist.* t. II, p. 211, n., 532, n. t. III, p. 507.
2. Voy. *Hist. de Chypre*, t. III, p. 89, n., 249, n., et ci-dessus, doc. 1429-1430.
3. Achelia, ou Achelias. Ci-dessus, pag. 13.

1443, 13 juin. — Décision. « Comme le roi de Chypre est notre débiteur pour une forte somme, *in bona summa pecuniarum* ; que toutes nos instances pour nous faire payer sont vaines ; qu'en outre beaucoup de nos concitoyens demeurant en Chypre et y possédant des terres et des villages, *territoria et casalia*, y sont maltraités ; qu'on méconnaît les immunités et les juridictions que nous avons dans ce royaume, le sénat décide qu'un ambassadeur solennel, *solennis orator*, sera élu pour porter les plaintes de la seigneurie au roi. » (I, 178, v°.)

1443, 3 août, 6ᵉ indiction. — Décision du sénat. « Que le grand conseil nomme un ambassadeur chargé de se rendre en Chypre. Si l'ambassadeur obtient satisfaction du roi, qu'il reste dans ce royaume comme consul. Sinon, qu'il retourne à Venise. » (I, 185.)

1444 (n. s.) 28 février. — Commission au nom du doge François Foscari, pour Pierre Contarini, envoyé comme consul et ambassadeur en Chypre.

1. « Rends-toi dans le plus bref délai en Chypre, présente tes lettres de créance au roi le plus tôt qu'il te sera possible, et expose-lui nos plaintes d'une manière générale.

2. » En te retirant de l'audience du roi, tu iras trouver le magnifique seigneur Baudin de Norès [1] ; tu lui diras de notre part que nous savons qu'il est chargé de gouverner au nom du roi, auprès de qui il peut, pour ainsi dire, tout ce qu'il veut : *postquam recesseris a presentia serenissimi domini regis, eris cum magnifico milite Baudino de Nores, sibique nostra parte expones quod informati sumus eum deputatum esse ad gubernationem ejusdem domini regis, cum quo, ut ita loquamur, omnia potest*. Tu lui exposeras nos griefs ; tu lui diras combien tout ce qui se fait en Chypre contre nos concitoyens, nos priviléges et nos immunités nous est dommageable, et tu demanderas qu'on veuille bien y rémédier.

3-4. » Avant de demander une nouvelle audience au roi, tu t'informeras auprès de notre consul d'une manière précise de tous les griefs dont nous avons à nous plaindre au sujet des atteintes portées à nos juridictions et priviléges, et spécialement au sujet des torts causés à André Morosini, Pierre et Angelo Micheli, Victor Valaresso Marc Cornaro et autres, eux ou leurs héritiers. »

5. » Si le roi se montre disposé à un arrangement, et si dans cette situation une difficulté se présente que le roi ne puisse lever, prie sa majesté de désigner un des siens, *unum ex suis*, avec lequel tu puisses t'entendre. »

---

1. *Cum quo, ut ita loquamur, omnia potest.* Ces mots nous disent la haute position qu'occupa Badin de Norès sous le règne du roi Jean II, fils de Janus. Il était maréchal de Jérusalem (*Hist.* t. II, p. 521, 526 n., 537. Cf. p. 533, t. III, p. 16 n.). Il avait été un des régents du royaume de Chypre pendant la captivité de Janus en Egypte (*Hist.* t. II, p. 542). Il fut chargé ensuite d'une mission en Pologne, et s'occupa à son retour du mariage d'Anne de Lusignan, sœur du roi Jean II, avec Louis de Savoie (*Hist.* t. III, p. 10, 13, n., 17, 18, 21, n.)

6. « Sinon, que le roi consente à remettre l'examen de nos griefs à une commission d'arbitres, *alicui collegio sive consilio sapientium in illis partibus.* »

7. « Le consul que tu vas remplacer devra assister à tes audiences et conférences, afin qu'il puisse nous informer exactement de toutes choses, à son retour ici. »

8. « Nous te faisons savoir qu'un ambassadeur du roi de Chypre est venu récemment auprès de nous pour s'entendre au sujet de la dette ancienne et nouvelle du roi, *circa satisfactionem debiti sui veteris et novi.* Nous sommes d'accord avec lui sur ces conditions : la dette ancienne sera payée en 6 ans, et déjà, pour le paiement de la première annuité, le roi a envoyé une certaine quantité de sucre ; pour la dette nouvelle le roi en a assuré le paiement sur les revenus des terres du domaine *fecit assignamenta super territoriis sue dominationis* [1]. »

9. « Enfin, tu convoqueras les marchands et les citoyens de la nation, et tu leur feras savoir que nous t'avons envoyé en Chypre pour demander qu'ils soient réintégrés dans leurs franchises et juridictions anciennes. »

Au vote, tous les articles des instructions furent approuvés et maintenus, sauf le dernier : *volunt commissionem per totum, excepto capitulo suprascripto.*

De parte, 14. De non, 13. Non sincere. (I, 213, v° — 214, v°.)

II

1444 (n. s.) 28 février. — Seconde commission pour le même Pierre Contarini, consul et ambassadeur en Chypre, comme capitaine des galères qui faisaient cette année le voyage de Syrie. (I, 214 v°.)

..... Quando fueris apud Salinas [2] regis Cipri, ubi capitanei navium Sirie solent mittere naves ad caricatoria, debeas descendere et mittere naves ad sua caricatoria, ut exequantur viagia sua. Et in reditu suo qualibet earum sit in libertate sua.

1447, 11 mai. Venise.
Instructions pour l'ambassadeur qui doit se rendre en Chypre chargé principalement de réclamer contre la prétention qu'avait le roi de contraindre les Vénitiens possesseurs de villages ou autres biens (immobiliers) dans l'île à contribuer au paiement de l'imposition extraordinaire que le sultan d'Égypte exigeait du royaume de Chypre.

Venise. Archiv. génér. *Senato. Mar.* III. fol. 14 v°.

M. CCCC. XLVII°. Die XI° Maii.

Quod orator noster eligendus ad serenissimum dominum regem

---

1. Ces engagements ne purent être tenus par le roi.
2. Aux grandes salines près de Larnaca, ville que l'on nomme aussi La Scala ou les Salines.

Cipri, juxta formam partis pridie capte, ire debeat cum infrascripta commissione.

Nos, Franciscus Foscari, Dei gratia, dux Venetiarum, etc. Committimus tibi, nobili viro..., dilecto civi nostro, ut ire debeas noster honorabilis orator ad serenissimum dominum regem Cipri. Et cum eris in Cipro, antequam sis ad presentiam prefati domini regis, esse debeas cum bajulo nostro Cipri, cui dices quod, visis litteris suis et nonnullorum mercatorum nostrorum denotantium predictum serenissimum dominum regem indebite velle astringere Venetos nostros habentes casalia et bona in illa insula ad contribuendum ad solutionem talee quam a serenitate sua vult soldanus Babilonnie, et nollentes pati ut tanta fiat nostris injusticia, te principaliter mittere deliberavimus ad presentiam sue serenitatis. Et propterea, intellige ab ipso nostro bajulo si prefatus serenissimus dominus rex perseverat in dicta ejus dispositione et voluntate, aut se amoverit et gravare desisterit Venetos nostros predictos.

« Admis à l'audience du roi, tu diras à sa sérénité qu'une telle prétention est tout à fait contraire aux droits et aux priviléges concédés par ses prédécesseurs aux Vénitiens.

» Si le roi te promet de révoquer les ordres dont nous nous plaignons, tu le remercieras.

» Si le roi ne veut pas revenir sur ses déterminations, tu informeras sa sérénité que tu as reçu de nous les pouvoirs d'ordonner à notre consul et à tous nos nationaux de quitter son royaume; et de fait tu notifieras dès lors à tous les Vénitiens qu'ils aient à se retirer de l'île de Chypre avec tous leurs biens dans le délai de neuf mois, en leur ordonnant expressément de cesser toute espèce de commerce avec ce pays passé ce délai. » Une seule exception[1] est admise à la défense en faveur des Cornaro de Piscopi. Leurs agents pourront rester en Chypre et continuer à envoyer les sucres de ce domaine à Venise, mais sans en faire le commerce.

« Ne néglige pas de prier le roi de faire rendre justice aux Vénitiens qui ont des créances ou des réclamations à faire valoir contre sa majesté ou quelques-uns de ses chevaliers. »

Insuper, quia prefatus serenissimus dominus rex in bona pecuniarum summa nobis tenetur, et obligavit nobis, sive solvi promisit, de introitibus tinctorie ac pulveribus et quibusdam aliis denariis, et, ut informati sumus, hujusmodi promissiones vel obligationes

---

1. Les Vénitiens blancs, qui n'avaient pas tout à fait la qualité de citoyens vénitiens, restaient cependant en dehors de ces mesures.

minime nobis servantur, ymo quodammodo dici potest quod in hoc deludimur, conferre debeatis cum bajulo nostro suprascripto et plene rem intelligere. Et si comperietur nobis non fieri debitas solutiones, insimul cum bajulo nostro predicto ad prefati serenissimi domini regis presentiam esse debeatis, et, cum illis prudentibus verbis que ambobus vobis videbitur, dicere quod profecto plurimum gravamur, quare nobis non serventur promissiones et obligationes predicte, et non minus gravamur respectu honoris nostri quam denariorum, rogamus ejusdem serenitatem ut ei placeat cum effectu providere quod obligationes et solutiones solite et debite pro nobis fiant bajulo nostro predicto, nam pro honore potissime nostro non possumus tolerare quod sic tractaremur.

XXXIX.

1448, 12 mai. Venise.

Réponses du Sénat article par article au mémoire justificatif remis au nom du roi de Chypre par ses ambassadeurs au doge de Venise, au sujet de la taille levée sur les Vénitiens, et particulièrement sur les Vénitiens blancs de Chypre, pour contribuer au paiement des sommes exigées par le sultan d'Égypte, et de diverses réclamations faites au roi de Chypre, pour compte de la république et de divers particuliers [1].

Venise. Archiv. génér. *Senato. Mar.* Reg. III. fol. 61-62 v°.

M. CCCC. XLVIII°. Die XII°. Maii.

Copia autem capitulorum Cipri antescriptorum consignata fuit ambaxatoribus antedictis[2] in forma infrascripta, videlicet :

« Excellentie vestre, princeps serenissime, parte oratorum
» regie majestatis Cipri, exponitur et refertur quod, dum nobilis
» dominus Petrus Quirino, orator vestre serenitatis, anno pro-
» xime preterito, ad prefatam majestatem se transtulisset, non-

---

1. Le 4 mai précédent, le sénat rappelait que les ambassadeurs du roi de Chypre arrivés à Venise avaient remis un mémoire, *quædam capitula*, à la seigneurie, en demandant leur prompte expédition, et avait chargé le collège d'examiner le mémoire pour préparer un projet de réponse (Reg. III, fol. 30 v°). La décision est suivie (fol. 61), à la date du 12 mai, des avis du Collège; après l'avis du Collège, se trouve la transcription du mémoire des ambassadeurs chypriotes avec les réponses définitives arrêtées par le sénat, dont l'expédition fut remise aux ambassadeurs. C'est cette dernière pièce que nous donnons ici.

2. Ils ne sont désignés par leur nom dans aucune de ces pièces.

» nulla parte vestre serenitatis dicte majestatis proposuit, qui-
» bus asserebat serenitatem vestram fore magnopere agravatam.
» 1. Et primo, quod cum omnes Veneti in dicto regno residentes
» juxta pacta et conventiones inita et conventa inter sui majes-
» tatem ejusque predecessores et illustrissimam Venetorum
» dominationem, sint et esse debeant ab omni solutione et grava-
» mine tam reali quam personali exempti et liberi, et quod de
» presenti sui majestas premissa alterare proposuerit, imponens
» super Venetos ibidem existentes novas et insolitas solutiones
» et gravamina, id intollerabile serenitati vestre videbatur, et
» propterea petiit dictus orator quod sui majestas vellet ammo-
» vere dictas impositiones et gravamima a prefata natione et
» ipsam eximere et liberare ab eisdem, juxta premissa conven-
» tiones et pacta.

» Qui serenissimus rex respondit non imposuisse dictam
» collectam sive impositionem animo vel intentione infringendi
» seu violandi aliquam immunitatem vel exemptionem jam con-
» cessam per sui majestatem vel ejus predecessores nationi Vene-
» torum, sed vi et necessitate ductus id efficere conatus est, ne-
» dum in Venetos tantum, verum et Januenses, Rhodienses ac
» universum clerum, qui omnes similiter erant et sunt immunes
» et exempti. Quod accidit propter perfidiam et iniquitatem im-
» pii[1] soldani Babilonie, qui a sui majestate extorquere intende-
» bat pro tunc centum milia ducatorum, alias ruinam et deso-
» lationem totius sui regni minabatur. Et cum sui majestas, ad
» majus malum evitandum, cum eo convenisset ad tradendum
» dicto soldano pro tunc tantum xxx^m ducatos et duplicare tri-
» butum annuum, essetque id impossibile sue majestati posse
» ullo modo predictam quantitatem a semet et ejus subditis recu-
» perare, visum fuerit omnibus pium, justum et conveniens ut
» quicumque possidebant in dicto regno immobilia, quorum
» facultas et periculum agebatur, etiam sentirent pro eorumdem
» salvatione aliquod gravamen ubi etiam sublevamen et com-
» modum sentiebant. Et sic, juxta uniuscujusque conditionem,
» fuit certa collecta universaliter posita ubi convenerunt Ciprien-
» ses, Veneti, Januenses, Rhodienses ac universus clerus; et si
» unica istarum nationum fuisset exempta, id et relique petiis-
» sent, et sic obulus non fuisset repertus, et per consequens furor

1. Au ms. *imperii*.

» et classis soldani dominasset et destruxisset totum illud
» regnum, qua in disolatione nulli dubium est quin et plurimi
» Veneti paterentur naufragium et damnum singulare. Nec ad-
» vertere debebat vestra serenitas quod, retroactis temporibus,
» simile gravamen non fuerat impositum, quia nec necessitas
» imponendi suberat, solverat equidem regia majestas solitum
» sui annuale tributum v^m. ducatorum de suo et suorum proprio;
» verum ubi alios quinque modo x^m. solvere artatur et ultra
» adhuc alios xxx^m, absque ulla subsistente causa, quibus ex rebus
» cum evidentissime appareat non voluntarie sed vi et coacte
» regiam majestatem id effecisse, propter novum accidens ac
» novam et inopinatam neccessitatem, et que de novo emergunt
» novo indigent auxilio, maxime ubi aliter fieri non potest, pre-
» cata est dicta regia majestas eumdem oratorem ut in tam
» necessariam et convenientem causam vellet acquiescere; et eo
» maxime quod omnes fere Veneti qui in regno illo resident, qui
» albi Veneti[1] nuncupantur, non fuerunt nec sunt naturaliter
» Veneti, sed propter diversa tempora de speciali gratia per sui
» majestatem privilegiati; nec quisque ipsorum unquam vidit
» Venetias, sive locum aut dominium aliquod Venetorum; quin-
» ymo sunt omnes Sirici et ex Siria progeniti, et a ducentis
» annis ultra in regno Cipri hospitati et domiciliati, cum eorum
» familiis et rebus quibuscumque mobilibus et immobilibus, non-
» nulli ipsorum et major fere pars possidentes in dicto regno
» feuda, casalia ac stipendia a prefata regia majestate, nullam
» unquam facientes Venetis vel alio pro illustrissimo Venetia-
» rum dominio factionem. Quibus ex rebus similiter de presenti,
» prefata regia majestas serenitatem vestram precatur et exorat
» ut velit et dignetur premissa advertere et diligenter conside-
» rare, nec non sui tribulationes et periculosissimum statum ani-
» mo volvere et examinare et nedum sue majestati in dicta parva

---

1. Dans aucun document, nous n'avions jamais vu la nationalité des Vénitiens blancs aussi clairement et aussi catégoriquement marquée que dans ces explications du gouvernement de Chypre au gouvernement de Venise. Les *Vénitiens blancs*, habitant l'île de Chypre, étaient donc bien des Orientaux, Grecs ou Syriens, admis par la république de Venise aux bénéfices de la nationalité vénitienne. (*Hist. de Chypre*, t. II, p. 419. Cf. Strambali, fol. 122.) Les Bibi, les Audet et autres familles chypriotes avaient cette origine. Il y avait aussi en Chypre des *Génois blancs*. Les Gourri étaient de cette dernière nationalité. *Hist.* t. III, p. 18, n.; t. II p. 52, n.; Cf. 363, 364, 477; t. III p. 60.

» quinymo minima ei complacere, verum etiam ipsum et sui
» regnum fovere ac defendere a faucibus inimicorum humani
» generis, qui ipsum undique devorare conatur, quia elegit sui
» majestas potius stare judicio et terminationi vestre piissime et
» clementissime dominationis quam furori et perfide voluntati
» nefandissimi soldani. »

Ad hec respondetur, quod, quia collecta ipsa imposita fuit contra formam privilegiorum et immunitatum quas habemus in regno illo, dicimus quod de jure imponi non poterat et per consequens restitui debet. Sed, ut ipse serenissimus dominus rex videat quod velimus secum nos humane gerere, contenti sumus quod denarii accepti dicta de causa restituantur nostris in annis duodecim pro rata. Verum, promittat serenitas sua restitutionem hujusmodi denariorum facere sicut prefertur, ac insuper promittat quod de cetero non imponet nec imponi permittet aliquam collectam, gravedinem vel angariam modo aliquo Venetis nostris, neque casalibus et aliis rebus et bonis suis, sed quod predicta privilegia, immunitates, conventiones, franchisie et exemptiones inviolabiliter et cum effectu observabuntur et manutenebuntur, nec modo aliquo interrumpentur.

2. « Comme l'ambassadeur vénitien l'a demandé, sa majesté renouvellera et confirmera les priviléges, immunités, exemptions et traités accordés aux Vénitiens, tant par elle que par ses prédécesseurs. »

3-4. — « L'ambassadeur a demandé que le consul vénitien fût remis en possession de la teinturerie royale des camelots à Nicosie, *tinctorie clamilotorum civitatis Nicosie* [1], afin de pouvoir toucher ses gages, *pro sui annua pensione* [2]. Quoique cela soit très-dommageable aux intérêts du roi, attendu que la teinturerie est affermée à quelques marchands génois, sa majesté promet de faire son possible pour remettre la teinturerie aux mains du consul de Venise. »

5. On veillera à ce que les sujets du roi débiteurs de sujets vénitiens paient exactement leurs dettes.

6. On donnera aussi satisfaction à Marc Cornaro pour ses créances.

7. Jean Cornaro et les héritiers de Victor Valaresso recevront ce qui leur est dû tant par le roi que par divers sujets de sa majesté.

8. On promet de veiller à ce que le comte de Tripoli [3] paie la somme qu'il doit à Pierre Micheli.

---

1. Cf. *Hist.* t. III, p. 244, 537, 781.
2. Ailleurs : *salario*.
3. Nous savons qu'en 1432 le titre de *comte de Tripoli* était porté par un membre de la famille royale nommé Pierre de Lusignan, qui était en même temps

9. « L'ambassadeur a réclamé le paiement d'une pièce d'étoffe de soie perdue dans un naufrage sur les côtes de Chypre et gardée par les paysans du lieu. Quoique le roi ne soit nullement tenu à donner des indemnités pour de semblables causes, sa majesté, sachant que la pièce de soie est toute la fortune d'un pauvre homme, *cujusdam pauperrimi*, consent à ce qu'on lui en rembourse la valeur. »

10. « L'ambassadeur a demandé qu'on s'accordât enfin avec Nicolas Bragadino, et qu'on lui restituât le village d'Achelia, *casale Achelie*. Le roi s'étonne d'une telle réclamation. Voilà treize ans que les comptes et différents pendants entre sa majesté et Bragadino ont été réglés par une décision de la haute-cour de Chypre, dont Bragadino avait accepté la juridiction. Il y a chose jugée, et un instrument public a été rédigé à la suite du jugement sur cette question. Les nouvelles réclamations paraissent inconvenantes. »

La république laisse la chose en suspens, jusqu'à plus ample information demandée au consul de Chypre.

« Ex quibus omnibus evidentissime apparet, princeps serenis-
» sime, regiam majestatem, juxta sui possibilitatem, quibuscum-
» que petitis et requisitis per serenitatis vestre oratorem... ut
» dictam collectam velitis sibi complacere et equo animo premissa
» tollerare, inspectis maxime personis super quibus imposita
» sunt, qui non Veneti sed Sirici, licet albi Veneti nuncupantur;
» sunt districtuales omnes, feudatarii, rendabiles et stipendiarii
» regii, domos, casalia, possessiones, feuda et stipendia a sua
» majestate possidentes. »

Ad hoc dicitur quod circa factum collecte superius responsum est [1].

---

sénéchal de Jérusalem (*Hist.* t. II, 526, n., t. III, p. 16, n.) Ce prince paraît être de la descendance du prince d'Antioche, frère du roi Pierre Ier.

1. Lors du départ des galères d'automne pour le Levant, le sénat remit les instructions suivantes à Donato Tron (*Donato Truno*) qu'il envoyait en Chypre comme ambassadeur et consul, en le chargeant de veiller à l'exécution des arrangements pris avec le roi Jean. — Venise, 8 septembre 1448. — « Tu sais que nous avions ordonné à notre consul et à nos concitoyens de quitter l'île de Chypre. Sur ces entrefaites, au mois de mai dernier, des ambassadeurs du roi sont venus nous trouver, et nous avons conclu un nouvel accord avec eux. Le roi a promis de satisfaire à nos plaintes et nous a demandé d'envoyer un nouveau consul. Nous te chargeons en conséquence de te rendre dans ce royaume. Tu veilleras à ce que tous les citoyens vénitiens et tous ceux qui sont considérés comme Vénitiens, *ut nostri cives veneti et alii qui pro Venetis expediuntur*, y soient bien traités, et que tous leurs privilèges soient respectés. Examine les réclamations de Nicolas Bragadino. » *Senato. Mar.* III, fol. 79.

www.ingramcontent.com/pod-product-compliance
Lightning Source LLC
LaVergne TN
LVHW021737080426
835510LV00010B/1281